Sibylle Meyer

Das Theater mit der Hausarbeit

Bürgerliche Repräsentation in der Familie der wilhelminischen Zeit

Campus Verlag
Frankfurt/New York

CIP-Kurztitelaufnahme der Deutschen Bibliothek

Meyer, Sibylle:
Das Theater mit der Hausarbeit : bürgerl.
Repräsentation in d. Familie d. Wilhelmin.
Zeit / Sibylle Meyer. – Frankfurt/Main ;
New York : Campus Verlag, 1982.
   ISBN 3-593-33106-3

Copyright © 1982 bei Campus Verlag GmbH, Frankfurt/Main
Umschlaggestaltung: Eckhard Warminski, Frankfurt/Main
Satz: L. Huhn, Maintal
Druck und Bindung: Beltz Offsetdruck, Hemsbach
Printed in Germany

Inhalt

Einleitung

Die gesellschaftlichen Normen des ausgehenden 19. Jahrhunderts beschränkten das Leben bürgerlicher Frauen weitgehend auf den engen Rahmen der Familie. Ihr Wirkungskreis sollte identisch sein mit der Familienwohnung, und ihre Aktivitäten sollten sich auf das dort stattfindende Familienleben beziehen. Die Aufgaben der Ehefrau und Mutter wurden als zentrale und »natürliche« Bestimmung der Frau angesehen. »So war am Ausgang der bürgerlichen Gesellschaft ›als Bestimmung des Weibes‹ ein weiblicher Geschlechtscharakter formuliert worden, in dem die Aufgabe der Frau identisch wurde mit ihrer Selbstaufgabe. Zu ›sich selbst‹ kommen hieß für sie auf sich selbst verzichten.« (Duden 1977, S. 139)

Die Möglichkeit, eine Ehe einzugehen, war von ungeheurer Bedeutung für das Leben der Frauen aus bürgerlichen Schichten. Gelang dies nicht, so waren sie oftmals gezwungen, als arme Verwandte die Stellung eines besseren, aber unbezahlten Dienstboten zu übernehmen. Es bestanden kaum Möglichkeiten, außerhalb des Hauses erwerbstätig zu werden, denn es »schickte« sich nicht, »für den Erwerb« zu arbeiten.

Die Berufsausbildung für Mädchen – in vielen Fällen von vorneherein nicht denkbar – stand in jedem Fall hinter der Ausbildung der Söhne zurück. »Nicht selten wurde das Glück der Töchter bedenkenlos dem Lebensstandard der Söhne geopfert, indem man alles verfügbare Geld für die Ausbildung der Söhne hingab, für die Töchter mit ihrer Minimalaussteuer aber auf die ›natürlichen Versorger‹ hoffte, die sie zu ihrem ›natürlichen Beruf‹ der Gattin und Mutter zuführen sollten.« (Twellmann 1976, S. 27) Jedoch verfügten die mit so viel Mühe ins Leben entlassenen Söhne erst Jahre nach Beendigung ihrer Ausbildung über ein Einkommen, das ihnen erlaubte, in »standesgemäßer« finanzieller Absicherung eine Familie zu gründen. Auch dann zogen sie ein vermögendes Mädchen jedem nicht vermögenden vor. Die Tatsache, ob die Eltern der Tochter eine ausreichende Mitgift geben konnten, entschied in der Regel darüber, ob sie ihr Lebensziel erreichen und ihre »Bestimmung« als Hausfrau und Mutter erfüllen konnte.

Beschloß eine junge Frau trotzdem, außerhalb des Hauses erwerbstätig zu werden – sei es aus finanzieller Notwendigkeit oder dem Wunsch nach materieller Unabhängigkeit oder um einer Konventionsehe zu entgehen –, so traf sie hiermit zumeist eine Entscheidung gegen die Ehe überhaupt und zumeist auch gegen ihre Eltern. Denn die wenigen Möglichkeiten einer einigermaßen standesgemäßen Erwerbstätigkeit, etwa die Berufe der Lehrerin, Erzieherin oder Gouvernante, waren mit dem Zölibat belegt. Das Problem vieler Frauen von heute, Hausarbeit und Erwerbsarbeit zu vereinbaren, war für die bürgerlichen Frauen der damaligen Zeit kaum denkbar. Erwerbstätigkeit und Ehe schlossen einander aus; die Vorstellung, daß eine verheiratete bürgerliche Frau erwerbstätig sein könnte, war bis zur Jahrhundertwende undenkbar.

Obwohl heute den Frauen prinzipiell alle Berufe offenstehen und weit mehr Frauen erwerbstätig sind als zu Beginn unseres Jahrhunderts, wird die Hausarbeit immer noch als »natürliche« Aufgabe der Frauen angesehen. Dies gilt unabhängig davon, daß heute mehr Männer bei der täglichen Hausarbeit helfen als früher. Noch immer werden Mädchen vornehmlich auf ihre spätere »eigentliche« Aufgabe hin – zur Ehefrau und Mutter – erzogen. (Vgl. z.B. Scheu 1977; Belotti 1975) Zumeist wird der Erwerbstätigkeit lediglich für die Jahre vor der Ehe oder als Nebenerwerbstätigkeit während der Ehe Bedeutung für die Lebensperspektive von Mädchen beigemessen. Dementsprechend wird die qualifizierte Ausbildung von Töchtern immer noch als weniger wichtig angesehen als die der Söhne – »die Mädchen heiraten ja doch«.

Unabhängig davon, unter welchen Umständen Frauen leben – ob sie verheiratet, ledig, erwerbstätig sind oder nicht – ihre Verantwortung für die Hausarbeit bleibt bestehen. Hausarbeit in diesem Sinn meint die tägliche Befriedigung der Bedürfnisse von Menschen in generativer, konsumptiver und emotionaler Hinsicht (Hausen 1977). Das heißt, Hausarbeit umfaßt nach dieser erweiterten Definition nicht nur die ›Arbeiten mit den Dingen‹, wie Waschen, Kochen, Bügeln usw., sondern auch die ›Arbeiten mit den Menschen‹. Diese beiden Aspekte treffen in der Realität der Frauen immer zusammen, denn auch die ›Arbeit mit den Dingen‹ ist intentional auf Mann und Kinder ausgerichtet, also gleichzeitig als ›Arbeit mit Menschen‹ zu verstehen.

Die Erwerbstätigkeit befreit die Frauen nicht von der Verpflichtung zur Hausarbeit; von dieser Zuständigkeit wird das Leben aller Frauen geprägt. Die geschlechtsspezifische Arbeitsteilung in unserer Gesellschaft, d.h. die Zuständigkeit der Frauen für die unbezahlte innerhäusliche Reproduktionsarbeit und die der Männer für die bezahlte außerhäusliche Arbeit, besteht auch heute fort.

Den Frauen wird die Hausarbeit heute wie vor 100 Jahren als Wesensmerkmal zugeschrieben, denn in dieser Arbeit soll die »weibliche Natur« ihren Ausdruck finden. Hausarbeit ist eine ganz besondere Arbeit, sie erfaßt die gesamte weibliche Existenz und die Bestimmung ihrer Weiblichkeit. Der Sozialisationsprozeß ist insgesamt auf die Vermittlung und Internalisierung der für diese Arbeit notwendigen Qualifikationen angelegt. Gleichzeitig wird mit dieser spezifisch weiblichen Sozialisation der Mythos von der wesensmäßigen Bestimmung der Frau zur Hausfrau, Gattin und Mutter über Generationen reproduziert: Dementsprechend soll Hausarbeit auch weiterhin aus Liebe, das heißt unbezahlt, geleistet werden. Eine Auflehnung gegen dieses unbezahlte Arbeits- und Liebesverhältnis bedeutet damals wie heute, der Bestimmung als Frau nicht gerecht zu werden und von der Umwelt mit entsprechenden Sanktionen belegt zu werden, die von der alltäglichen Gewalt gegen Frauen bis zur Einweisung in die Psychiatrie reichen. (Vgl. Hagemann-White u.a. 1982; Haffner 1976)

Hausarbeit ist gesellschaftlich notwendige Arbeit, denn »keine Arbeitskraft, die nicht umsonst von Frauen geschaffen ist, kein Einkommen, das nicht durch unbezahlte Frauenarbeit entsteht, keine Werte und Profite, die nicht auf den Schultern von unbezahlten Frauen zustande kommen«. (Block 1978, S. 209). Trotzdem bleibt Hausarbeit – heute wie vor 100 Jahren –gesellschaftlich unsichtbar und wird nicht als Arbeit anerkannt; sie wird privat geleistet und nicht bezahlt.

Die Ideologie, daß Hausarbeit keine Arbeit sei und die Tätigkeiten der Hausfrauen nicht als Arbeiten anerkannt werden, fand ihren Höhepunkt am Ende des 19. Jahrhunderts im Mythos vom Müßiggang bürgerlicher Frauen. Dementsprechend delegierten bürgerliche Hausfrauen alle hauswirtschaftlichen Arbeiten an ihre Dienstboten, die sie lediglich überwachten. Angeblich beschäftigten sie sich vor allem mit Klavierspielen, Literatur, feinen Handarbeiten oder der nächsten Einladung und prägten durch ihr Wesen – nicht durch ihre Arbeit – die Atmosphäre des Hauses.

Der Mythos vom Müßiggang bürgerlicher Frauen wurzelt in den Vorschriften des »guten Tons« und der »guten Gesellschaft«, die den Frauen jede Form der Arbeit als unstandesgemäß verboten. Bürgerliche Frauen hatten demnach zu repräsentieren und zu glänzen und so dem Ehemann den Hintergrund von Wohlanständigkeit und ökonomischer Potenz zu verleihen. Der nach den Gesetzen des »guten Tons« geforderte Müßiggang der Frauen hatte zentrale Bedeutung für die bürgerlichen Repräsentationspflichten und wirkte als besonderes Symbol der gesellschaftlich angesehenen Stellung des Ehemannes.

Der Topos der untätigen bürgerlichen Salondame des ausgehenden 19. Jahrhunderts besteht als Vorurteil bis heute. Dabei verkrusten die Vorschriften der »guten Gesellschaft« zur

Einschätzung damaliger Realität. Dem Mythos der müßigen Bürgerfrauen, der seine Fortsetzung in der Einschätzung heutiger Hausarbeit findet, soll in diesem Buch entgegengetreten werden.

In diesem Buch wird das Alltagsleben der bildungsbürgerlichen Schicht des ausgehenden 19. Jahrhunderts nachgezeichnet und gezeigt, wie bürgerliche Hausfrauen lebten und in der Privatwohnung für die Familie arbeiteten. Zentrale Bedeutung muß dabei der Trennung von Öffentlichkeit und Privatheit beigemessen werden, da sie den bürgerlichen Lebensstil entscheidend prägte und einerseits ein repräsentatives, standesgemäßes Auftreten nach außen und andererseits ein sparsames, karges Auskommen nach innen erzwang.

Die Gesetze der Standesmäßigkeit und die bürgerlichen Repräsentationsverpflichtungen prägten den Alltag der Frauen in ganz spezifischer Weise. Es wird deutlich gemacht, welche Mühe es sie kostete, den geforderten Müßiggang gegenüber der Öffentlichkeit zu demonstrieren. Gleichzeitig sahen sie sich einer Vielfalt hauswirtschaftlicher Anforderungen gegenüber, denen sie täglich gerecht werden mußten. Die Vorschriften des »guten Tons« hatten spätestens an der Küchentür ein Ende.

Bei dem Versuch, die Ideologie vom Müßiggang der bürgerlichen Frauen zu widerlegen und den Alltag, ihre Arbeits- und Lebensbedingungen zu rekonstruieren, können die in der historischen Forschung gewöhnlich verwendeten Quellen nur wenig hilfreich sein. Auch die bisher vorliegenden sozialhistorischen Analysen beschäftigen sich kaum mit dem Alltag bürgerlicher Schichten, und die Hausarbeitssituation der Frauen wird dabei völlig ausgeklammert. Insgesamt wird durch diese Literatur eher die Ideologie unterstützt, als die Realität bürgerlicher Hausfrauen beschrieben. Selbst zeitgenössische Beschreibungen der städtischen Formen der Hausarbeit im wilhelminischen Deutschland sind kaum verfügbar, und auch in Autobiographien lassen sich kaum Beschreibungen des Arbeitsalltags von Frauen finden. Ebenso werden Romane der Arbeitsrealität von Frauen selten gerecht, da häufig gerade hier das Bild des beschäftigungslosen, schönen Wesens stilisiert wird, das nur da ist, um sich bedienen zu lassen.

Versucht man trotzdem, den Alltag dieser Familien zu rekonstruieren, muß man völlig neue Wege suchen. Mit Hilfe von Bauplänen läßt sich aufzeigen, daß die gesellschaftliche Trennung von öffentlichem und privatem Leben sich in der räumlichen Aufteilung der bürgerlichen Wohnung wiederfindet. Die Ausstattung der städtischen bürgerlichen Wohnung wurde vor allem durch die Analyse von Möblierungsgeschichten dokumentiert. Aufgrund des Quellenzugangs fanden vor allem Berliner Verhältnisse Berücksichtigung, die jedoch von ihrer Aussagekraft her zumindest für das städtische Bürgertum des deutschen Reiches übertragbar erscheinen. Um das idealtypische Bild, das dort gezeichnet wird, zurechtzurücken, bieten die Einrichtungs- und Ausstattungstips, die von den Frauen in den Haushaltsecken der zeitgenössischen Familienzeitschriften ausgetauscht wurden, zahlreiche Hinweise.

Aus Anstands- und Benimmbüchern und Haushaltsratgebern läßt sich entnehmen, welches Verhalten der Hausfrauen als wünschenswert und ratsam erachtet wurde und wie ein idealer Haushalt geführt werden sollte. Die normativen und deskriptiven Aussagen dieser Beschreibungen und Ratgeber können jedoch nicht ohne weiteres als Realität damaliger Frauen angenommen werden, da es kaum zu rekonstruieren ist, wer diese Bücher mit welchem Interesse geschrieben, gekauft und gelesen hat. Deshalb werden diese Schriften mit Aussagen der Frauen selbst konfrontiert. Dazu wird vor allem eine Analyse der Frauenseiten und Haushaltsecken in zeitgenössischen Familienzeitschriften vorgenommen. Ein besonderer Schwerpunkt liegt dabei auf den Beiträgen der Hausfrauen selbst, die vor allem in Form von Inseraten und Annoncen in den Zeitschriften erschienen.

Der Aufteilung der damaligen Wohnungen in einen öffentlichen und einen privaten Bereich folgt die Kapiteleinteilung des Buches:

»Vor den Kulissen«, im öffentlichen Bereich der Wohnung, bezogen sich die Arbeitsanforderungen an die Frauen vor allem auf die bürgerlichen Repräsentationsaufgaben. Im entsprechenden Kapitel wird der Ort dieser Arbeit beschrieben und gezeigt, wie sich die Arbeit der Frauen in seiner Ausstattung vergegenständlicht. Die repräsentativen Geselligkeiten bedeuteten für die Hausfrauen Arbeit bei ihrer Vorbereitung und Durchführung. Dem Gast wurde diese Arbeit allerdings nicht sichtbar, denn ihm wurde das Produkt, abgetrennt vom mühevollen Entstehungsprozeß, vorgeführt. Es wird gezeigt, daß der bürgerliche Repräsentationsaufwand weitgehend durch die Arbeit der Frauen geschaffen wurde; die bürgerliche Frau arbeitete nur *scheinbar* nicht.

»Hinter den Kulissen«, im privaten Bereich der Wohnung bezogen sich die Arbeitsanforderungen vor allem auf die hauswirtschaftlichen Tätigkeiten, die erst die Repräsentation gegenüber der Öffentlichkeit ermöglichten. Im entsprechenden Kapitel wird ebenfalls der Ort dieser Arbeiten beschrieben und gezeigt, daß dieser Raum nur den Hausfrauen und Dienstmädchen zugänglich war. Da es nicht möglich ist, die Fülle der hier stattfindenden Tätigkeiten detailliert zu beschreiben, wird exemplarisch ein komplexer Arbeitszusammenhang analysiert. An dem gewählten Beispiel wird gezeigt, warum die allgemein angenommene These vom Funktionsverlust der Familie zu kurz greift.

Die Arbeiten »vor den Kulissen« und »hinter den Kulissen« werden nicht unabhängig voneinander erledigt, sondern stehen in einem Wechselverhältnis. Die »Zwänge der Hausarbeit«, also die Bedingungen der Arbeit in beiden Bereichen, werden im mittleren Teil des Buches deutlich gemacht. Es wird gezeigt, wie die Zwänge der Hausarbeit von der gesellschaftlichen Situation bürgerlicher Frauen bestimmt werden und in welcher spezifischen Weise die Frauen diesen Zwängen gerecht werden mußten.

Die Bedeutung der Arbeit resultiert aus der Sichtbarmachung der unterschiedlichen Arbeiten, die gerade bürgerliche Frauen zu verrichten hatten. Dabei entsteht ein sehr plastisches Bild von der Vielfalt hauswirtschaftlicher Arbeiten und

Repräsentationsaufgaben. Die immanente Rationalität des hausfraulichen Handelns wird deutlich.

Besonderes Schwergewicht liegt auf dem komplizierten und ambivalenten Verhältnis und der Zusammenarbeit von Hausfrau und Dienstmädchen. Zwar bestand zwischen ihnen eine Arbeitsteilung, die sich jedoch nicht nach der gemeinhin angenommenen Trennung von Kopf- und Handarbeit gestaltete. Diese These untermauert höchstens den Mythos vom Müßiggang bürgerlicher Frauen, anstatt ihn zu entschleiern.

Darüber hinaus werden die Arbeitsbedingungen der Hausfrauen und deren unterschiedliche Abhängigkeiten von Öffentlichkeit und Ehemann deutlich. Es wird gezeigt, daß Frauen höherer Schichten genauso arbeiteten wie die Frauen aus niederen Schichten – zwar waren die konkreten Arbeiten unterschiedlich, entscheidend jedoch war, daß bürgerliche Frauen ihre Arbeit für die Öffentlichkeit und oft auch für den Ehemann unsichtbar leisten mußten.

Mit Hilfe dieser Darstellung wird das Bild der müßigen bürgerlichen Salondame des ausgehenden 19. Jahrhunderts zerstört und der Alltag dieser Frauen verdeutlicht. Die Kenntnisse über deren Arbeits- und Lebensbedingungen werden erweitert, und zugleich wird gezeigt, wie sehr die bisherige, eingeschränkte Sichtweise der Historiker und Soziologen den Zugang zu der Alltagsrealität bürgerlicher Frauen verstellt.

Die Tatsache, daß viele der beschriebenen Arbeiten uns heute exotisch, überflüssig und überholt erscheinen, darf nicht zu dem Schluß führen, daß mit den beschriebenen konkreten Gegenständen auch die Arbeiten ersatzlos aus dem Haushalt verschwunden sind. Das Nähen, Ausbessern oder Umarbeiten der Kleidung gehört zum Arbeitsablauf heutiger Hausfrauen genauso wie vor hundert Jahren, auch wenn sich die konkrete Gestalt der Kleidung radikal verändert hat. Die für die Familien des 19. Jahrhunderts beschriebene Herstellung des Salon- und Wohnungsschmucks wurde zum festen Bestandteil moderner Hausarbeit. Auch heute fertigen Frauen viele der kleinen Schmuckstücke selbst, die die Regalbretter in deutschen Wohnzimmern zieren oder auf dem Fernseher ausgestellt werden. Ähnlich wie die Familienzeitschriften damals geben heute Zeitschriften wie *Hobby, Zuhause, Schöner Wohnen* oder *Brigitte* Ratschläge und Anregungen, wie mit geringem finanziellen Aufwand, aber um so mehr Arbeitsaufwand diese netten Kleinigkeiten herzustellen sind.

Bei der Lektüre des vorliegenden Bandes fallen immer wieder Ähnlichkeiten der damaligen Situation mit den aktuellen Verhältnissen ins Auge. Sie geben Hinweise auf die historische Entstehung des heutigen Frauenalltags und machen Parallelen, aber auch Veränderungen anschaulich deutlich.

Vor den Kulissen:
»Mehr Schein als Sein«

Der schillernde, sich allmählich wandelnde Begriff des »Bürgertums« umfaßt im 19. Jahrhundert seit der industriellen Revolution: vor allem Handels-, Industrie- und Bankunternehmer mit ihren leitenden Angestellten, daneben Beamte und Vertreter der »freien Berufe«, Intellektuelle und Akademiker jedweder Art – also alle jene Gruppen, die zugleich mit der Etikette »Besitz und Bildung« versehen werden konnten. Der größte Teil der früheren »Stadtbürger,... die Handwerker und Kleinhändler nämlich, rangierten zunehmend an der Peripherie des Bedeutungsfeldes von ›Bürgertum‹.« (Ritter/Kocka 1974, Bd. 2, S. 62f.)

Die für die bürgerliche Gesellschaft typische Form der modernen Kleinfamilie ist zunächst vor allem bei Berufsgruppen zu finden, die nicht direkt produktive Arbeit leisten und in Abhängigkeit von Dienstverhältnissen stehen, also vor allem innerhalb des zu Ende des 19. Jahrhunderts stark expandierenden Beamtentums. Kennzeichen dieser Gruppe des Bürgertums waren der mangelnde Besitz und der hohe Bildungsgrad.

Die Repräsentation als Zwang

Die harten Konkurrenzbedingungen der kapitalistisch organisierten Produktionssphäre galten auch für den Berufs- und Lebensbereich von Bildungsbürgern, Beamten und Offizieren, allerdings in modifizierter Form: Die Konkurrenz äußerte sich hier in Form des Karrierismus, d.h. sie bezog sich auf die Einstiegs- bzw. Aufstiegsmöglichkeiten einzelner in der beruflichen und sozialen Hierarchie.

Diese Einstiegs- und Aufstiegsmöglichkeiten wurden vor allem in den letzten beiden Jahrzehnten des 19. Jahrhunderts durch die im Bildungssystem einsetzende Qualifikationskrise immer schwieriger; der ›output‹ des Bildungssystems übertraf den Wachstums- bzw. Ersatzbedarf des Beschäftigungssystems bei weitem. So wurde zum Beispiel im Justizdienst seit 1879 eine sprunghafte Vermehrung der Assessoren- und Referendarzahlen bei gleichbleibender Stellenzahl festgestellt. Gleiches galt für das Leben der Offiziere: »Für den Offiziershaushalt, besonders den jungen, ging es darum, ob der Mann in die höheren Ränge aufsteigen würde: .. in Preußen bangte man darum, ob der Mann um die Majorsecke (Eingangsstufe ›höherer Dienst‹) herumkommen würde.« (Claessens/Claessens 1979, S. 151)

Die Anstellungskrise bei den bürgerlichen Berufen spitzte sich im Untersuchungszeitraum zu und erreichte ihren Höhepunkt Mitte der 90er Jahre. Die direkte Folge war eine restriktive Stellenpolitik vor allem im öffentlichen Dienst, so daß mehrjährige Wartezeiten auf eine Anstellung seit der zweiten Hälfte der 1880er Jahre die Regel waren.

Verdienstmäßig lagen die untersten Schichten des Bildungsbürgertums nahe den Handwerkern, Ladenbesitzern und vergleichbaren Berufsgruppen; der Unterschied im materiellen Status war gering. Allerdings war jeder noch so geringe Beamte im Unterschied zu allen anderen Berufsgruppen materiell abgesichert, da er mit einem regelmäßigen Einkommen rechnen konnte und Anspruch auf Alterssicherung hatte. Dafür zahlte er jedoch seinen spezifischen Preis, denn die »schmale Sicherheit hatte er sich ständig neu durch Härte und Zuverlässigkeit im Amt sowie durch ›Beflissenheit‹ gegenüber Vorgesetzten zu erwerben«. (Ebd., S. 156)

Materielle Absicherung und langsamer beruflicher Aufstieg waren nach den Eingangsschwierigkeiten prinzipiell möglich, jedoch nur, wenn der einzelne bestimmte Voraussetzungen erfüllte. Dazu gehörten neben rein fachlichem Wissen allgemeine bürgerliche Qualitäten wie Pünktlichkeit, Zuverlässigkeit und Treue, Verzicht auf unmittelbare Bedürfnisbefriedigung, Planung und Rationalität. Doch erschöpften sich die Pflichten des einzelnen nicht in einer unablässigen Arbeitsleistung, denn Beamte und erst recht Offiziere waren darüber hinaus zur unbedingten Treue und Gehorsam gegenüber dem obersten Dienstherren verpflichtet; die allgemeine preußische Untertanenpflicht wurde hier potenziert. Nicht nur die Arbeitskraft wurde vom Staat in Anspruch genommen, sondern die gesamte Persönlichkeit. Höflichkeit, Ehrerbietung und Pflichteifer waren täglich neu unter Beweis zu stellen. Dieser Loyalitätsdruck wurde einerseits durch die angestrengte Arbeitsmarktlage und andererseits durch die peinliche Anpassung der bildungsbürgerlichen Aufsteiger an die Wertvorstellungen der Herrschenden verstärkt.

Die beruflichen Pflichten und deren Auswirkungen beschränkten sich nicht nur auf den Dienstalltag der Beamten und Offiziere, sondern umfaßten ihr gesamtes Leben. Man verlangte von ihnen ein in jeder Beziehung dem preußischen Staate würdiges Verhalten. Das Leben eines Offiziers mußte »...die Würde ausdrücken, die aus dem Bewußtsein hervorgeht, dem Stande anzugehören, dem die Verteidigung von Thron und Vaterland anvertraut ist.« (Zit. n. Ritter/Kocka 1974, Bd. 3, S. 227) Jedes Auftreten eines Beamten in der Öffentlichkeit – allein oder in Begleitung seiner Ehefrau – war ein neuer Prüfstein für Wohlanständigkeit und Standesmäßigkeit. Geordnete Familienverhältnisse mußten durch ein gepflegtes Äußeres und saubere Kleidung, beides Zuständigkeitsbereiche der Ehefrau, nachgewiesen werden.

Die beruflichen Zwänge bezogen auch die eigentliche Privatsphäre bürgerlicher Familien mit ein. Wohlanständigkeit mußte seine Entsprechung in einer repräsentativen Wohnung, in einem möglichst vornehmen Viertel der Stadt gelegen, finden. Bis ins Detail mußte der Nachweis eines geregelten Familienlebens und einer geordneten Häuslichkeit erbracht werden; verantwortlich dafür war die Ehefrau.

Ebenfalls im Rahmen der Repräsentationspflichten fand die jährliche Sommerreise an die See statt, die für ›gutbürgerliche‹ Familien obligatorisch war. Auch die Erziehung der Kinder mußte dem repräsentativen Standard entsprechen. Für Töchter galt es, eine ansehnliche Mitgift für die standesgemäße Heirat zu sichern, die Söhne mußten eine angemessene Ausbildung erhalten. Dies alles verursachte für die Eltern erhebliche Mehrkosten. Johann Friedrich Freiherr von Schulte beschreibt dies in seinen Lebenserinnerungen folgendermaßen:

»Die Kosten für Erziehung und Ausbildung des Juristen kommen für Eltern, die nicht in einer Gymnasialstadt wohnen, bis zur Zeit, wo der Sohn ihrer nicht mehr bedarf, mindestens auf 25.000 Mark, für den Mediziner in diesem Falle mindestens auf 18.000 Mark, für den Theologen usw. auf 15.000 Mark zu stehen, für die in einer Universitätsstadt wohnenden Eltern gut auf 12.000, 10.000, 9.000 Mark. Wird der Sohn in einer Kadettenanstalt erzogen, so kann alles bis zur Ernennung als Offizier gut mit 6.000 Mark bestritten werden.« (v. Schulte 1908/9, Bd. 3, S. 70)

Geregeltes berufliches Weiterkommen erforderte also den Nachweis berufsbezogener Qualifikationen und ein standesgemäßes Leben in Beruf, Öffentlichkeit und Privatsphäre. Doch damit nicht genug: Bildungsbürgerliche Berufe, Beamtenstand und Offizierskarriere erzwangen außerdem sogenannte ›gesellschaftliche Verpflichtungen‹ für den Ehemann und damit auch für dessen Frau. Ohne diese Verpflichtungen war ein berufliches Fortkommen nicht möglich. Der wichtigste Teil dieser gesellschaftlichen Verpflichtungen waren neben gelegentlichen Besuchen der Oper, des Theaters oder seltener Bälle häusliche Besuche und private Einladungen. Sobald die Familie in eine andere Stadt zog – regelmäßige Versetzungen waren fester Bestandteil des beruflichen Werdegangs –, nahm sie den geselligen Verkehr mit dem ›Besuche Machen‹ auf. Eine Einladung zu häuslichen Feiern konnte sich daran anschließen. Der erste

Eindruck war entscheidend: standesgemäßes Benehmen, gepflegtes Äußeres und gediegene Kleidung waren nötig. Dem beruflichen Zwang stand die persönliche Angewiesenheit der neu zugezogenen Familie gegenüber; nur durch die Teilnahme an diesen gesellschaftlichen Ereignissen war eine soziale Isolation in der neuen Stadt zu vermeiden.

Die Gesellschaftsfähigkeit, Grundvoraussetzung jeder bürgerlichen Karriere, mußte durch die Teilnahme an diesen Einladungen immer wieder neu hergestellt werden. Man mußte sich sehen lassen, gesehen werden und vor allem Umgang mit Kollegen und Vorgesetzten pflegen. Es kam zu einem Einladungsaustausch, der jede Familie ein- bis zweimal jährlich zwang, diese Repräsentationsfeiern bei sich zu veranstalten. Häufige Absagen widersprachen dem ›guten Ton‹. Entzog man sich den Verpflichtungen, war ein Abrutschen auf der sozialen Stufenleiter, das materielle Verluste nach sich zog, nicht zu vermeiden. Für den Ehemann und damit in der Folge auch für dessen Frau waren diese gesellschaftlichen Verpflichtungen beruflicher Zwang, dahinter wirkten Konkurrenz- und Karrieremechanismen, die auch von der privaten Atmosphäre nicht aufgelöst werden konnten. Eine Pseudoprivatheit war entstanden.

Die Teilnehmer dieser Zusammenkünfte waren keine persönlichen Freunde der Familie, sondern ergaben sich aus dem beruflichen Status des Mannes und der momentanen Stellung auf der gesellschaftlichen Stufenleiter. »Die ›Gesellschaft‹ schreibt dem ›Gesellschaftsfähigen‹ diesen Verkehr vor, bestimmt ihm seine Partner unter weitgehender Ausschaltung seiner persönlichen Neigungen.« (Wallraf 1939, S. 57) Geladen wurden nur standesgemäße und gesellschaftsfähige Personen: »...insbesondere zählen dazu alle die, die aufgrund des Berufs, des materiellen und des Bildungskriteriums in der ›Gesellschaft‹ als standesgemäß gelten.« (Ebd., S. 67) Die Teilnahme an den Gesellschaften sollte von den einzelnen als Rangbestätigung und als Ehre empfunden werden; daß dahinter beruflicher Zwang und Konkurrenz und damit auch Mißgunst und

Neid, Neugier und Kontrolle wirkten, war die Kehrseite der Medaille.

Gleichzeitig fand eine vielfältige und ängstliche Abgrenzung ›nach unten‹ statt. »So galt es als vornehm wenn sich der Höherrangige von den Niederrangigen isoliert.... Im selben Maße, wie man mit seinesgleichen ehrerbietig und rücksichtsvoll umging, behandelte man Niedrigstehende mit arroganter Überheblichkeit.« (Hamann 1971, S. 128) Aufgrund dieser Abgrenzungen bei gleichzeitiger Orientierung nach oben bestanden in größeren Städten streng voneinander getrennte gesellschaftliche Kreise auf verschiedenen Stufen der sozialen Hierarchie. Der Status des einzelnen stieg mit der Zugehörigkeit zu einem sozial höher eingestuften Kreis. Eine nochmalige Verschärfung der Orientierung nach oben war zwangsläufige Folge.

Die offizielle Aufgabe der Ehefrau war es, den guten Ruf ihres Mannes durch ihr Auftreten zu bestärken und seinen sozialen Status im Rahmen der Gesellschaften zu festigen. Sie hatte zu repräsentieren und zu glänzen und verlieh so ihrem Mann nicht nur den Hintergrund von Wohlanständigkeit, sondern auch von ökonomischer Potenz. Ihre Aufgabe war es außerdem, mit den richtigen Vorgesetzten Konversation zu treiben und soziale Unterordnung zu demonstrieren. Das gesellschaftliche Ansehen und materielle Weiterkommen des Mannes war somit auch abhängig vom Auftreten seiner Frau. Sie war verantwortlich für den Ablauf der Feste und damit den Erfolg des Abends.

Die Geselligkeiten fanden in der Privatwohnung statt. Dies waren die einzigen Gelegenheiten, bei denen die bürgerliche Wohnung der Öffentlichkeit zugänglich gemacht wurde. Das galt jedoch nur für den Salon, dem schönsten und größten Raum der Wohnung, in dem sich die Festlichkeiten abspielten. Er wurde von der Familie nicht bewohnt, sondern diente allein der Repräsentation gegenüber der Öffentlichkeit. Anhand der Ausstattung dieses Prunkraumes, des Tafelgeschirrs und Silbers wurden der Ehemann und in der Folge seine Frau von den Gästen auf Wohlhabenheit und Standesmäßigkeit beurteilt.

Die Orientierung an höheren Schichten und die Abhängigkeit der einzelnen Familien von ihrem guten Ruf fand sichtbaren Ausdruck in dem Versuch, sich im Schmuck des Salons, dem Glanz der Roben, der Ausstattung der Tafel und der Auswahl der Menüs zu überbieten.

Die Auswirkungen dieses Repräsentationszwanges und dessen konkrete Formen sollen im folgenden in den Mittelpunkt der Betrachtung gerückt werden. Ausgangspunkt bildet dabei die These, daß der Repräsentationsaufwand weitgehend von der Ehefrau in unbezahlter Hausarbeit hergestellt und aufrechterhalten werden mußte! Ohne diese unbezahlte Arbeit der Frauen wären der Nachweis der Gesellschaftsfähigkeit, ein beruflicher Aufstieg und eine mögliche materielle Besserstellung der Familie nicht möglich gewesen.

Um dies zu konkretisieren, wird zunächst die bürgerliche Wohnung als ›räumliches Symbol‹ bürgerlicher Repräsentation analysiert. Die Möblierung und vor allem die Arbeit der Frauen mit der Salonausstattung wird dabei im Mittelpunkt stehen. Anschließend soll der eigentliche Ablauf der bürgerlichen Repräsentationsfeste und deren Ausstattung betrachtet werden.

Der Raum als Kulisse

Die bürgerliche Wohnung

Die Wohnungsbauweise des letzten Drittels des 19. Jahrhunderts in Berlin war durch den Mietskasernenbau gekennzeichnet. Man baute 4- bis 5-geschossig, wobei die Qualität der Wohnungen und damit auch der soziale Status der Bewohner von unten nach oben abnahm. Dem Vorderhaus wurden ein oder zwei Seitenflügel hinzugefügt, später schlossen sich ein oder mehrere Hinterhäuser an. Die kleinen Wohnungen im Seitenflügel und Hinterhaus hatten eigene Aufgänge und wurden von ärmeren Leuten, Arbeitern, Handwerkern etc. bewohnt, die Wohnungen bürgerlicher Familien befanden sich im Vorderhaus.

Die bürgerlichen Wohnungen umschlossen einen Teil des Vorderhauses und einen Teil des Seitenflügels. Die Verbindung des Vorderhauses mit dem Seitenflügel wurde in einer für Berlin typischen Grundrißorganisation mit dem ›Berliner Zimmer‹ gelöst. Das ›Berliner Zimmer‹ teilte die bürgerliche Wohnung in zwei Teile: die Räume im Vorderhaus mit Fenstern zur Straße hinaus und die Räume im Seitenflügel mit Blick in den Hof. Die hinteren Zimmer waren durch einen vom ›Berliner Zimmer‹ abgehenden Flur miteinander verbunden. Der Weg von

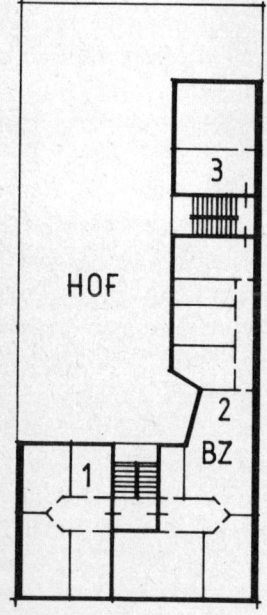

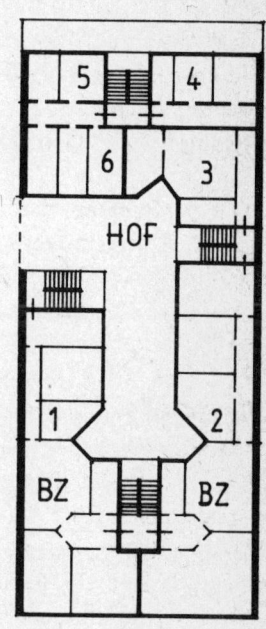

MEHRGESCHOSSIGES MIETSHAUS NACH 1870
Aufteilung in 3 Wohnungen, die grosse Wohnung erstreckt sich bis in den Seitenflügel.
BZ = Berliner Zimmer
4 – 5 geschossig

MEHRGESCHOSSIGES MIETSHAUS
mit kleinster Hoffläche, fast voll überbaut, 6 verschiedene Wohnungstypen
BZ = Berliner Zimmer
5 – geschossig

Abb. 1: Grundrißentwicklung des mehrgeschossigen Mietshauses zwischen 1870 und 1900

einem Teil der Wohnung in den anderen führte immer durch das ›Berliner Zimmer‹.

Die Zimmer zur Straße hin wurden als Repräsentationszimmer genutzt, das ›Berliner Zimmer‹ erfüllte die Funktion des Familienwohn- und Eßzimmers; Schlaf- und Kinderzimmer, die Küche, Mädchen- und Speisekammer lagen im Seitenflügel zum Hof hin. Die Repräsentationsräume stellten in ihrer Funktion und durch ihre räumliche Lage in der Wohnung den Kontakt zur Öffentlichkeit her, die Lage der Privaträume dokumentierten im Gegensatz dazu die Abkehr von der Öffentlichkeit. »Die Grundzüge der bürgerlichen Villa, erstens Bezug zur Öffentlichkeit, mit den Repräsentationsräumen zur Straße hin gelegen, und zweitens Abtrennung der Privatsphäre ins Obergeschoß oder zur Rückseite des Hauses hin, werden in dem bürgerlichen Mietshaus beibehalten: Die Repräsentationsräume werden nach vorn zur Straße hin konzipiert und die privaten Räume im Seitenflügel untergebracht.« (Schulze 1979, S. 53 ff.)

Die Anordnung und Funktionszuschreibung der Räume entsprechen dem bürgerlichen Bestreben, sich einerseits gegen die Welt abzuschirmen, andererseits den Bezug der Öffentlichkeit mit nach vorne zur Straße gelegenen Repräsentationsräumen zu demonstrieren. Die Raumanordnung ist einerseits Ausdruck für die angestrebte Privatheit, Intimität, Diskretion und Isolierung und auf der anderen Seite Ausdruck für die Notwendigkeit zu repräsentieren. »Die Linie zwischen Privatsphäre und Öffentlichkeit geht mitten durchs Haus. Die Privatleute treten aus der Intimität ihres Wohnzimmers in die Öffentlichkeit des Salons hinaus; aber eine ist streng auf die andere bezogen.« (Habermas 1976, S. 63)

Die Repräsentationsräume beanspruchen oft fünf- bis sechsmal soviel Grundfläche wie die Wirtschaftsräume, also Küche und Speisekammer. »Den übertrieben großen Besuchsräumen (...) standen dunkle Korridore und verkrüppelte Wirtschaftsräume gegenüber.« (Meier-Oberist 1956, S. 281) Der größte und schönste, zur Straße gelegene Raum wurde auf jeden Fall zum Salon. Die Küche, klein und schlecht beleuchtet, lag am hinteren Ende der Privaträume. Die Lage dieses Raumes, der untrennbar mit der täglichen Arbeit der Hausfrau verbunden war, ist gleichzeitig Ausdruck für das peinliche Verstecken der Arbeit, die die Hausfrau leistete. Doch darüber später mehr.

Der Salon diente einzig und allein Repräsentationszwecken und wurde von der Familie nicht bewohnt. Hier wurden Besucher empfangen und die Repräsentationsfeste gefeiert. Familienfeste hingegen feierte man zumeist im ›Berliner Zimmer‹, dem eigentlichen Familien-Wohnzimmer. Der Salon stellte den einzigen Raum dar, den familienfremde Personen einsehen konnten, die anderen Räume blieben ihnen verschlossen. Die Besucher sollten von dem Repräsentationsraum auf den Rest der Wohnung und damit auf eine vermeintliche Wohlhabenheit der Familie schließen.

Um den Salon als Statussymbol auszustaffieren, wurde der letzte Pfennig hineingesteckt, bei der Möblierung der anderen Räume mußte dafür gespart werden. Die Ausstattungsqualität des Salons und der Restwohnung klafften weit auseinander. Luise Otto-Peters beschreibt den Gegensatz zwischen Salon und Privaträumen folgendermaßen: »In dem einen werden Piencen zur Schau getragen, Prunk und Versuche mit den neuesten Moden Schritt zu halten, in den anderen Ärmlichkeit und ein ängstliches Sichbehelfen...« (Otto-Peters 1876, S. 145)

Die Salonausstattung

Sucht man nach Ausstattungsbeschreibungen bürgerlicher Salons im letzten Drittel des 19. Jahrhunderts, so ist man zunächst auf die Kunst- und Kulturgeschichte angewiesen. In einschlägigen Werken der Stil- und Möblierungsgeschichte findet man idealtypische Beschreibungen gründerzeitlicher Salons, die allerdings in dieser luxuriösen Ausformung nur bei sehr reichen Besitzbürgern anzutreffen waren. Trotzdem sind diese

Darstellungen von Interesse, da sich die bürgerliche Mittelschicht an diesen Vorstellungen orientierte. In dieser strengen Orientierung an höheren Schichten versuchten sie den besitzbürgerlichen Repräsentationspomp nachzuahmen. Das Ideal gründerzeitlicher Salonausstattung – Wunschvorstellungen für den Bildungsbürger – sah etwa folgendermaßen aus:

Dunkle Farben und dämmriges Licht waren die Hauptkennzeichen gründerzeitlicher Wohnungseinrichtung und sollten Vornehmheit und Gemütlichkeit erzeugen. Die Fenster, mit Butzenscheiben oder bunten Glasmalereien verziert, brachen das Licht und schirmten den Salon strikt von der feindlichen Außenwelt ab. Schwere, dunkle Vorhänge unterstützten den düsteren Gesamteindruck. Die Wände waren durch großgemusterte oder goldgestreifte Tapeten verziert, im Idealfall lief rings um das Zimmer an den Wänden eine mannshohe Holztäfelung, die an ihrem oberen Ende durch ein Bord abgeschlossen war. Darauf standen alte Steinkrüge, Gläser, Zinnhumpen und/oder Schweinslederbände. Sollte die Ausstattung besonders luxuriös sein, waren die Wände über der Holztäfelung bemalt, und die Decke zierte eine dunkle Holzkassettenverkleidung. Auch die Möbel waren in dunklen Farben gehalten und unterstützten so noch den gewichtigen, düsteren Gesamteindruck. Große Eichentische mit Kreuzfüßen und riesige Schränke im Stil der Neu-Renaissance waren damals beliebt und hochmodern. Ein monströser Schreibtisch und am besten ein Flügel in der Ecke bezeugten standesgemäßes Leben und eine gefüllte Brieftasche.

Die eigentliche Möblierung stellte im gründerzeitlichen Salon nur einen Teil der Gesamtausstattung dar. Sie wurde durch Nippes, altdeutsches Kleingerät, Figuren, Bilder, Vasen, Zimmerpflanzen ergänzt, die den Raum geradezu erdrückten. Möblierung und Accessoirs gingen fließend ineinander über, oft entarteten die Möbel zu Sockeln für die aufgestellten Schmuckgegenstände. Auf die Spitze getrieben wird dieses Prinzip beim gründerzeitlichen Kameltaschensopha, das Karl Rosner, ein Zeitgenosse, schon damals als den Schrecken aller Schrecken beschrieb:

Abb. 2: Sophaaufbau mit gesticktem Behang

»Es verbindet orientalische Weichheit der Polsterung mit menr oder weniger Renaissancegrundform in der Holzarchitektur mit erschrecklichen Säulen und noch viel furchtbarerem figürlichen Ornament. Und dessen Rückwand versah man auf ihrer Höhe mit einem Borde, um daraufhin – auf ein mobiles Sitzmöbel – dann ›altdeutsches‹ Kleingerät zu stellen.« (Rosner 1898, S. 136)

Trotz dieser heftigen Kritik schon aus damaliger Zeit, gehörte solch ein Sofa zur Grundausstattung jedes Salons.
Interessant ist es, am Rande zu erwähnen, daß einzelne Möbelstücke, wie das orientalisch weich gepolsterte Kameltaschensopha oder die beliebten Perserteppiche, als eindeutige Attribute des aggressiven Kolonialismus der damaligen Zeit begriffen werden müssen. Bei den weiter unten beschriebenen Accessoirs werden die Anklänge dieses Kolonialismus in der Saloneinrichtung noch deutlicher: Man paßte orientalische oder afrikanische Versatzstücke mitten zwischen die Möbelstücke der deutschen Neu-Renaissance und altdeutsches Kleingerät: Ein Tigerfell mit Kopf auf dem Fußboden, ein hölzerner Mohr neben dem Eingang, nicht zu vergessen die obligatorische Palme in der Zimmerecke, ob echt oder aus Papier.

27

Gesellschaftlicher Rang fand seine Entsprechung nicht mehr wie zu Anfang des Jahrhunderts in einer relativen Leere des Raumes, in der teure, handgefertigte Einzelmöbelstücke zur vollen Geltung kommen sollten. Die gründerzeitlichen Salons waren vollgestopft mit repräsentativem Schmuckwerk, das meist Stil und Wert der eigentlichen Möblierung zurücktreten ließ. Oft waren einzelne Möbel unter den Kissen, Deckchen Troddeln und Überwürfen kaum noch zu erkennen:

»... eine erdrückende Fülle von Gegenständen, häufig dem Blick entzogen durch Behänge und Kissen, durch Decken und Tapeten, aber immer kunstvoll gearbeitet und verziert. Kein Bild ohne vergoldeten, ziselierten, ornamentierten oder gar samtüberzogenen Rahmen, keine Sitzgelegenheit ohne Polster oder Überzug, kein Stück Stoff ohne Troddeln oder Fransen, kein Stück Holz, das nicht durch die Hände des Drechslers gegangen wäre, keine Oberfläche ohne Deckchen oder irgendeinem Gegenstand darauf. Das alles war zweifellos ein Zeichen für Reichtum und gesellschaftlichen Rang.« (Hobsbawm 1977, S. 288)

Vorbild der Epoche war Hans Makart, ein österreichischer Maler, Bühnenausstatter und Innenarchitekt. In seinen Ölgemälden und Wohnungsausstattungsvorschlägen wurde der gründerzeitliche Pomp auf die Spitze getrieben. Hier zählte Funktionalität und Formschönheit überhaupt nicht mehr, alles wurde dem ›künstlerischen Gesamteindruck‹ untergeordnet. Makarts Räume waren Wunderwerke der Ausstattungskunst und Staffage.

»Alles war für den gleitenden Blick berechnet, nichts hatte seine feste, eindeutige Funktion, außer der Füllung eines Vakuums, kaum noch Raum zu nennen. Bilder, Staffeleien, Büsten, Vasen, Skelette, Waffen, Musikinstrumente, Felle, Trophäen, Geschirr und ausgestopfte Tiere – Dinge, Waren wurden in subjektiver Willkür zum Zimmer geordnet, das allerdings kaum mehr einen Sitzplatz bot...« (Makart-Ausstellung 1972, S. 16)

Das Beispiel machte Schule: man wohnte á la Makart!

Abb. 3: Salonausstattung

29

Der Makart-Stil war Leitlinie groß- und kleinbürgerlicher Wohnkultur bis spät in die 80er Jahre, sein Einfluß ist noch im Jugendstil der Jahrhundertwende spürbar. Reiche Industrielle, wie z.B. Nikolaus Dumba, ließen sich Räume im Makart-Stil vom Künstler selbst ausstatten; jeder, der etwas auf sich hielt, ahmte ihn zumindest nach.

Egon Friedell schrieb 50 Jahre später sehr treffend:

»An den Interieurs irritiert zunächst eine höchst lästige Überstopfung, Überladung, Vollräumung, Übermöblierung. Dies sind keine Wohnräume, sondern Leihhäuser und Antiquitätenläden. Zugleich zeigt sich eine intensive Vorliebe für alles Satinierte: Seide, Atlas und Glanzleder, Goldrahmen, Goldstuck und Goldschnitt, Schildpatt, Elfenbein und Perlmutter, und für lauter beziehungslose Dekorationsstücke: vielteilige Rokokospiegel, vielfarbige venezianische Gläser, dickleibiges altdeutsches Schmuckgeschirr; auf dem Fußboden erstreckt sich ein Raubtierfell mit Rachen, im Vorzimmer ein lebensgroßer Mohr ... je gewundener, verschnörkelter, arabesker die Formen ... desto beliebter sind sie. Hiermit im Zusammenhang steht ein auffallender Mangel an Sinn für Sachlichkeit, für Zweck; alles ist zur Parade da.« (Friedell 1948, Bd. 3, S. 365)

Hier spricht Friedell das Hauptkennzeichen gründerzeitlicher Salonkultur an: Die aufwendige Ausstaffierung dieses Prunkraumes war zur Parade da. Die schwergewichtigen Möbelstücke der Neu-Renaissance, die pompösen Teppiche, kostbaren Portieren, edlen Kunstgegenstände und das ganze ausgestellte Schmuckwerk dienten einzig und allein bürgerlicher Repräsentation. Die Salonausstattung demonstrierte dem Besucher den Reichtum der Familie, der in den besitzbürgerlichen Kreisen, von denen diese Einrichtungsvorstellungen ausgingen, auch vorhanden war.

Anders in den mittleren und unteren Schichten des Bürgertums: hier fehlte es genau an dem Reichtum, den die Salonkultur bei den besitzbürgerlichen Familien demonstrierte. Die Abhängigkeit der Bildungsbürger von der guten Gesellschaft und die Notwendigkeit, ein standesgemäßes Leben zu dokumentie-

Abb. 4: Speisezimmer der Villa Carl Fürstenberg in Berlin, 1890

ren, führten dazu, durch Möblierung und Ausstattung des Salons angeblichen Reichtum vorzutäuschen. Dies war durch die Imitation des protzigen Einrichtungsstils der besitzenden Oberschicht möglich.

(Der) »Salon steht gewissermaßen außerhalb der gesamten Wohnung hinter sorgfältig verschlossenen Türen als der Raum auf den aller Luxus konzentriert wird, da er nach außen hin die ›gesellschaftliche‹ Stellung der Familie zu repräsentieren hat. Es ist nur eine natürliche Folge, daß die eigentlichen Wohnräumlichkeiten im Verhältnis zu seiner kostspieligen Ausstattung vernachlässigt wurden...« (Wallraf 1939, S. 52)

In den mittleren und unteren Schichten des Bürgertums war die Orientierung an der Makartschen Ausstattungskunst dieselbe wie in den gehobenen Kreisen, nur weniger kostbar in der Ausführung. Die Räume waren vergleichsweise eng und nicht besonders groß; Täfelungen von Wänden oder Decken fielen in den Mietwohnungen von vornherein weg; Öfen, Fenster und Türen wurden so belassen, wie man sie vorfand. Überdimensionierte Schreibtische fehlten, statt des Flügels gab es höchstens ein Klavier. Die einzelnen Möbelstücke waren weniger wertvoll und verziert sowie aus einfacherem Material. Selbst relativ gehobene Kreise konnten die Möbel lediglich aus Fichten- oder Birkenholz gelegentlich auch aus Kirschholz anfertigen lassen. Reichte das Geld nicht für teure Kopien nach historischen Vorbildern, mußte sich der Mittelstand mit fabrikmäßig gefertigten Dingen begnügen. »... Bei Ärzten, Offizieren, Professoren findet man äußerlich den Luxus der Reichen, nur daß nicht alles wirklich echt ist, was freilich nur wieder dem Kenner bemerkbar ist.« (Steinhausen 1898, S. 29)

Jeder Gegenstand und damit der Salon als Ganzes mußte wertvoller erscheinen, als er in Wirklichkeit war. Oberstes Ziel war es, das Auge des Besuchers zu blenden:

»Jeder verwendete Stoff will mehr vorstellen, als er ist. Es ist die Ära des allgemeinen Materialschwindels. Getünchtes Blech maskiert sich als Marmor, Papiermaché als Rosenholz, Gips als schimmernder Alabaster, Glas als köstlicher Onyx. Die exotische Palme im Erker ist imprägniert oder aus Papier, das leckere Fruchtarrangement im Tafelaufsatz aus Wachs oder Seife...« (Friedell 1948, Bd. 3, S. 366)

Abb. 5: Kleinbürgerliche Repräsentationspracht

Dieser Materialschwindel, der Versuch, trotz billiger Materialien teure vorzutäuschen, war ein Hauptkennzeichen kleinbürgerlicher Salonausstattung. Die Scheinwelt des Salon als Ganzem wiederholte sich an jedem Stück der Ausstattung. Und ähnlich wie das tatsächlich verwendete Material versteckt werden mußte, so geschah das mit der Funktion einzelner Gegenstände. Sollte das tatsächlich verwendete Material ein anderes vortäuschen, durfte die tatsächliche Funktion der Gegenstände um keinen Preis mehr in seiner Form zum Ausdruck kommen. Die kleinbürgerlichen Repräsentationsvorstellungen trieben seltsame Blüten, die von uns heute als der Inbegriff des Kitsches empfunden werden, aber aus den gründerzeitlichen Salons nicht wegzudenken waren.

»Eine prächtige Gutenbergbibel entpuppt sich als Nähnecessaire, ein geschnitzter Wandschrank als Orchestrion; das Buttermesser ist ein türkischer Dolch, der Aschenbecher ein preußischer Helm, der Schirmständer eine Ritterrüstung, das Thermometer eine Pistole. Das Barometer stellt eine Baßgeige dar, der Stiefelknecht einen Hirschkäfer, der Spucknapf eine Schildkröte, der Zigarrenabschneider den Eifelturm. Der Bierkrug ist ein aufklappbarer Mönch, der bei jedem Zug guillotiniert wird, die Stehuhr das lehrreiche Modell einer Schnellzuglokomotive, der Braten wird mittels eines gläsernen Dackels gewürzt, der Salz niest, und der Likör aus einem Miniaturfäßchen gezapft, das ein niedlicher Terrakotta-Esel trägt. Pappendeckelgeweihe und ausgestopfte Vögel gemahnen an ein Forsthaus, herabhängende kleine Segelschiffe an eine Matrosenschänke, Stilleben von Jockeykappen, Sätteln und Reitgerten an einen Stall.« (Ebd., S. 366)

Aus diesen Beispielen geht deutlich hervor, wie die mittleren und unteren Schichten des Bürgertums versuchten, durch die Übernahme großbürgerlicher Salon-Einrichtungsvorstellungen vermeintlichen Reichtum vorzutäuschen und so die Diskrepanz zwischen gesellschaftlicher Einstufung und finanziellen Möglichkeiten zu verdecken. Der Öffentlichkeit wird der Einblick in die wirklichen Lebens- und Wohnverhältnisse verwehrt, nur die pompös eingerichtete Scheinwelt des Salons mit all seinem Materialschwindel ist für sie zugänglich. Von dem Prunk des Salons als Ganzem und dem scheinbaren Wert jedes einzelnen Einrichtungsstücks sollte auf den vermeintlichen Reichtum und die Standesmäßigkeit der Familie geschlossen werden.

Die Arbeit der Frauen an der Salonausstattung

Die meisten der zum Kaufen zu teuren Ausstattungsgegenstände und Schmuckstücke wurden gerade in den mittleren und unteren bürgerlichen Schichten von den Hausfrauen selbst gefertigt. In unzähligen Stunden handarbeiteten die Frauen den präsentativen Prunk, der die Gesellschaftsfähigkeit der Familie demonstrieren sollte.

Zwar konstatieren Kunsthistoriker und Kunstgeschichtler das ›häusliche Wirken‹ der Frauen, das ihrer Meinung nach unter dem Leitspruch ›Schmücke dein Heim‹ »meisterlich ausgeführte Sticktechniken wie seit Jahrhunderten nicht mehr« (Meier-Oberist 1956, S. 293) hervorbrachte. Aber der hier zitierte Meier-Oberist bekrittelt auch den Mangel an ›sicherem Geschmack‹ bei den Frauen. Die Handarbeiten erscheinen als bürgerlicher Zeitvertreib, als Spielerei von Frauen, die sonst nichts zu tun haben. Er verliert kein Wort über die vielen mühevollen Arbeitsstunden oder den gesellschaftlichen Zwang zur Herstellung dieser Gegenstände. Für ihn sind die Handarbeiten bürgerlicher Frauen keine Arbeit, sondern Symbol bürgerlichen Müßiggangs. Der Zynismus Meier-Oberist diesen Frauen gegenüber steht nicht allein, sondern reiht sich nahtlos an die Ignoranz anderer Kunsthistoriker.

In zeitgenössischen Frauen- und Familienzeitschriften hingegen beschrieben die Frauen ihre Arbeit mit der Wohnungsausstattung. Sie tauschten Arbeitsanleitungen für die unterschiedlichsten Ausstattungsstücke aus, suchten bei anderen Frauen Ratschläge zur Herstellung billigen, aber effektvollen Raumschmucks. Sie empfahlen anderen Frauen brauchbare Anleitungsbücher für orientalische Stickereien, glatte Hochstickerei, Applikations- und Possamentierarbeiten oder beschrieben eigene Erfahrungen mit der Herstellung künstlicher Blumen, Bilderrahmen, kleiner Möbelstücke etc.. Die Frauenbeilagen der Familienjournale und die Problemecken der Frauenzeitschriften fungierten als weibliche Gegenöffentlichkeit zum bürgerlichen Repräsentationsschein! Die Analyse der Aussagen und Beiträge der Frauen in den unterschiedlichen Zeitschriften soll deren Arbeit bei der Salonausstattung dokumentieren.

Abb. 6: Selbstgefertigtes Portierenarrangement

Die Frauen bearbeiteten vor allem textile Materialien, die auch einen Hauptbestandteil der Salonausstattung ausmachten. Die Vorhänge wurden meist selbst genäht und mit aufwendigen Häkelspitzen verziert. Darüber wurden dann Plüsch-Übergardinen drapiert, die an den Enden mit Quastenreihen besetzt waren. Genauso nähten die Frauen schwere Portieren, die vor allem Türen verkleideten, und bestickten sie mit Plattstickereien. Für Portieren, die die ganze Breite des Raumes einnehmen oder Erker abteilen sollten, wurden dagegen meist Applikationsarbeiten gewählt. Wollschnüre zum Raffen der Portieren und Troddeln durften nicht fehlen. In den Arbeitsanleitungen wurde empfohlen, Vorhänge und Portieren immer für hohe Räume zu fertigen, denn bei einem Umzug in eine niedrigere Wohnung konnten sie unten oder oben eingeschlagen werden. Dies würde niemandem auffallen, und die Vorhänge konnten immer wieder verwendet werden.

Abb. 7: Gardinen mit Kreuzstickerei auf Erbstüll

Tischdecken, Klavierüberwürfe und Tischläufer wurden genäht und handbestickt, Teppiche selbst geknüpft, die wie ›echte‹ Perserteppiche aussahen. Ein besonders billiger Sofateppich wurde in der Frauenbeilage der Zeitschrift *Daheim* – auf Anregung einer Leserin – gesucht:

»Wer möchte einen dauerhaften, gut aussehenden Sophateppich arbeiten; dieser müßte 2½ Meter Länge und 2 Meter Breite haben; das Material dürfte 12 Mark nicht übersteigen. Für den besten, praktischsten, womöglich originellen Vorschlag setzt die Redaktion einen Preis von 20 Mark aus.« (*Daheim*, Frauenbeilage zu Nr. 27, 1887)

Den ersten Preis bei diesem Preisausschreiben gewann Frau Agnes Riedel aus Dresden mit folgendem Vorschlag:

»Ich fertige auf nachstehende Weise nach eigener Erfindung einen Zimmerteppich, dessen Preis den Betrag von 12 Mark nicht übersteigt, der die bezeichnete Größe besitzt und dabei elegant, praktisch und wunderhübsch ist. Ich stricke mit stählernen Wollnadeln 11 Stück 14 cm breite und 10 Stück 5 cm breite Streifen, alle 2 1/2 m lang, erstere von schwarzer Strickwolle, wovon ich für 9 Mark verbrauchte, letztere von aneinander geknüpfter bunter Restewolle (für 2 Mark). Die einzelnen Streifen führte ich so aus, daß ich bei jeder fünften Reihe den Faden dreimal um die Spitze des Fingers wickelte, die dreifachen Fäden abstrickte, eine Masche einfach abstrickte, wieder den Faden dreimal um den Finger legte, abstrickte usw. Es entstehen dadurch doppelte Schlingen welche den Grund ganz bedecken. Will man dieselben krauslockig haben, so zieht man die fertigen Streifen durch den Dampf kochenden Wassers. Die Streifen werden dann mit einer Stopfnadel aneinander genäht und mit Kaffeesackstoff gefüttert, wozu für 1 Mark genügt.« (*Daheim*, Frauenbeilage zu Nr. 32, 1887)

Viele Möbelstücke, die gekauft zu teuer gewesen wären, fertigten die Frauen selbst und erhöhten deren vermeintlichen Wert durch kunstvolle Verzierungen. Der unten abgebildete Salontisch ist hierfür ein typisches Beispiel. Das ursprüngliche Material ist überhaupt nicht mehr zu erkennen. Die Tischplatte wurde mit Stoff überzogen und mit orientalischer Schnurstickerei verziert; selbst die Tischbeine stecken in Plüschüberzügen; Troddeln, Fransen und Borten durften nicht fehlen.

Das I-Tüpfelchen bildete der »vertroddelte« Schal, dekorativ um die Tischbeine geschwungen!

Nach demselben Prinzip wurden aus 4 alten Teppichklopfern Tischchen für den Salon gefertigt. Die Stiele wurden zu Tischbeinen und so übereinander gekreuzt, daß die beiden Oberteile ein Körbchen bildeten, das mit Stoff überzogen und

Abb. 8: Selbstgefertigter Salontisch

bestickt wurde. Die »Tischbeine« wurden ebenfalls mit Plüsch verkleidet oder umstrickt. So konnte niemand ahnen, daß dieses edel erscheinende Stück aus alten Teppichklopfern gefertigt war. (*Daheim*, Frauenbeilage zu Nr. 3, 1890)

Mit ähnlich viel Arbeit und Geduld wurden die damals beliebten Ofenschirme und Paravants von den Frauen selbst hergestellt. Sie spannten einfache Leinwand auf einen Rahmen, vergoldeten den Stoff und bemalten ihn mit Ölfarben in Arabeskenmustern oder mit Blumenmotiven. (*Daheim*, Frauenbeilage zu Nr. 12, 1890)

Die Notwendigkeit, kleinere Möbelstücke auf möglichst billige Art selbst anzufertigen, taucht in den Problemecken der Familienzeitschriften mit ziemlicher Dringlichkeit immer wieder auf. So suchte z.B. eine Frau in der Frauen-Beilage der Zeitschrift *Daheim* (1890, Nr. 2) folgenden Rat: »Könnte mir eine freundliche Leserin raten, wie ich am billigsten und praktischsten einen Klaviersessel herstellen kann?« Eine andere Hausfrau fragt, ob sie bei der Umarbeitung eines alten Regals als Salonbord eher eine Plattstickerei als Verzierung oder einen gerafften Stoffüberzug mit Quasten und Schnüren wählen soll. (*Daheim*, Frauenbeilage zu Nr. 45, 1888)

Und eine besonders erfinderische »Norddeutsche« (= Unterschrift) beschrieb, wie sie aus einer ausgedienten Gartenbank ein Sofa fertigte, das wenig kostete und seinen Zweck erfüllte:

»Zunächst werden die Füße der Bank gekürzt und der Sitz, wenn nötig, noch um eine Latte breiter gemacht. Dann stellt man für den Sitz in der Weise eine Polsterung her, daß man einen Sack Heu oder getrocknetes Moos recht gleichmäßig füllt und darauf legt. Nun kommt der Überzug. Er läßt für die Phantasie und geschickte Hände den weitesten Spielraum. Getragene Herrentuchkleider – besonders schwarze – eignen sich sehr gut dazu ... Nun schmückt man den Grund des Überzugs mit lebhaften, in der Farbe gut voneinander abstechenden, breiten Streifen; sie werden in Zwischenräumen mit der Maschine aufgenäht. Ist alles so weit vorbereitet, dann werden die betreffenden Stücke mit Messingknöpfen genau auf die Bank genagelt, was ja nötigenfalls ein Sattler besorgen kann. Zu den bunten Streifen läßt sich alles verwenden, was der Flickenvorrat birgt ... ein mit Moos gefülltes Rückenkissen (...) ziert die Lehne...« (*Daheim*, Frauenbeilage zu Nr. 32, 1888)

Nach dem Prinzip, mit billigsten Materialien größtmögliche Effekte zu erzielen, fertigten die Frauen Zeitungshalter aus leinenüberzogener und anschließend bemalter Pappe oder Lampenschirme aus Stoff, die mit Ziergräsern oder getrockneten Blumen beklebt wurden. Sie imitierten die zum Kaufen zu teuren Glasbilder, die den Salon allerdings erheblich aufwerteten, durch verschiedenfarbiges, in altdeutschen Motiven geschnittenes Stearinpapier, das dann mit Kleister auf die Scheiben ge-

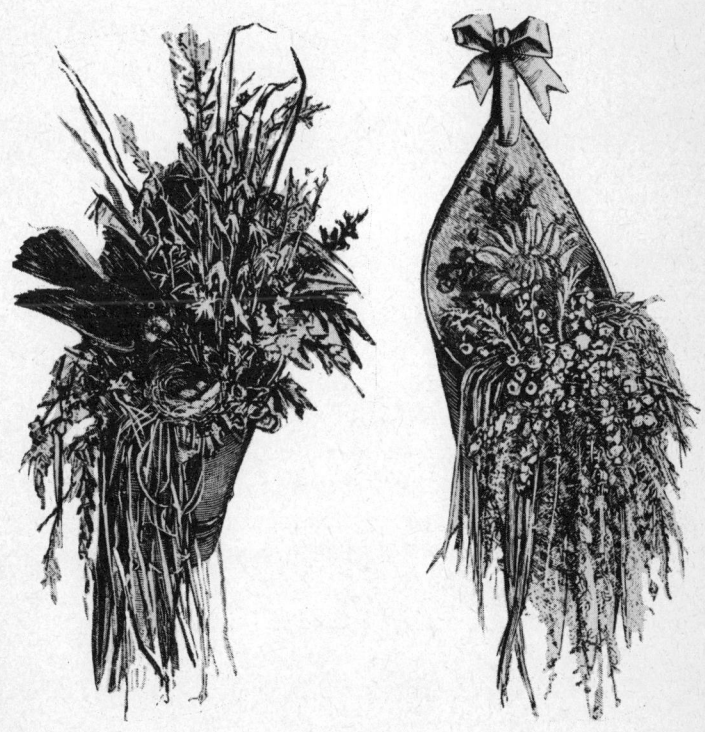

Abb. 9: Selbstgefertigte Wanddekorationen

klebt wurde. (*Daheim*, Frauenbeilage zu Nr. 4, 15, 51, 1888)
Wanddekorationen waren auf billige Art zu fertigen, indem
man selbstgesuchte, getrocknete Gräser in stoffüberzogene und
dann bemalte Pappbehälter steckte, denn Original Makart-
Sträuße hätte sich kaum jemand leisten können.

Die Frauen tragen mit diesen Arbeiten zum gesellschaftlichen Überleben der Familie und beruflichen Fortkommen des
Mannes bei. Damals wie heute wurde dies nicht als Arbeit anerkannt, sondern als weibliche Neigung verniedlicht. Die Kreativität der Frauen wurde in häusliche, handarbeitliche Bahnen
gelenkt und brachte immer neue Ideen für Verschönerungs-
werk und Verzierungen hervor, die heute zwar als Kitsch gelten, damals aber bürgerlichen Lebensstandard repräsentierten.

»Einerseits die Verkümmerung, Deformation ästhetischer Aktivität,
andererseits handelt es sich selbst in dieser restringierten Form um Mo-
mente sozialer Kreativität, die aber keine ästhetische Entfaltung, keine
Entwicklungsmöglichkeiten erhält. Objektivationen konnten nicht
stattfinden, ebensowenig wie die Entstehung einer artifiziellen Experi-
mentierlust.« (Bovenschen 1976, S. 72)

Die Materialgrundlage für die Ziergegenstände bildeten oftmals im Familienhaushalt anfallende Reste, denen durch die Arbeit der Frauen eine neue Gestalt gegeben wurde. Es fand eine
Weiterverarbeitung von eigentlichem Hausabfall durch die
Frauen statt, die man heutzutage wohl mit »Recycling« be-
zeichnen würde!

Zigarrenkistchen verwandelten sich durch Einfallsreichtum, Arbeit und Geschick der Frauen in »Moosfußbänkchen«,
indem sie mit zusammengeknüpften grünen Wollresten überzogen wurden, klebte man Flaschenkorken auf Papierschablo-
nen, wurden daraus üppige Bilderrahmen, aus Wollresten wurden gehäkelte Blumenampeln; aus den winzigen Seidenbänd-
chen, mit denen Zigarren zusammengebunden waren, stichel-
ten die Frauen bunte Dekorationsschals oder Deckchen für die
Sofalehnen; abgestorbene Palmwedel wurden im bronzierten
Zustand zur Wanddekoration und glatt abgeschnittene Wein-

flaschen zu Prunkgläsern. (*Daheim*, Frauenbeilage zu Nr. 4, 17, 19, 24, 46, 1888; Nr. 50, 1890)

Dieses Problem beschäftigte die Leserin der Frauenbeilage (Nr. 5, 1890): »Wie kann man Weinflaschen glatt abschneiden, um die bekannten Prunkgläser daraus herzustellen?« In verschiedenen Nummern antworteten darauf gleich mehrere Frauen mit unterschiedlichen Hinweisen; die Herstellung von Prunkgläsern scheint bekannt gewesen zu sein. Die vergleichbaren ›Römer‹ waren teuerste Luxusgegenstände!

Abb. 10: Portiere aus Plüsch und gemusterten Stoff

Die von den Frauen gefertigten Einrichtungs- und Ausstattungsstücke wurden ihrerseits zur Quelle neuer Hausarbeit: All die Überflut an Nippes, Geschirr und Silberzeug, die Gipsbüsten, Vasen, Gläser, Zinnhumpen und ausgestopften Tiere mußten regelmäßig abgestaubt und gereinigt werden. Mit Staubwedel und feuchten Lappen versuchten die Frauen mit den ausgestellten Staubfängern fertig zu werden. Dabei war es wichtig, vorsichtig zu hantieren, damit weder Gläser noch eine dünnbeinige Etagere Schaden nahmen. Das Fruchtarrangement aus Wachs oder Seife konnte beim Säubern ebenso leicht verdrückt werden wie die imprägnierte Papierpalme oder das getrocknete Blumenbouquet. Der Staubwedel aus Federn war das dafür geeignetste Arbeitsgerät, denn damit war die Gefahr der Beschädigung der ausgestellten Gegenstände am geringsten. Die Hausfrau übernahm diese Arbeit meist selbst und vertraute die empfindlichen Nippsachen selten dem Dienstmädchen an. In vielen zeitgenössischen Karikaturen diente die Frau mit dem Staubwedel in der Hand immer wieder als Symbol des sogenannten Müßiggangs bürgerlicher Frauen. Dies ist ein typisches Beispiel männlichen Zynismus' – denn was ihnen als Symbol von Müßiggang erscheint, war für die Frauen tägliche Arbeit.

Jedes Material erforderte ein spezifisches Putzgerät und besondere Putzmittel, die oft aus den einzelnen Bestandteilen selbst gemixt wurden. Die nötigen Grundbestandteile für diese Pulver und Laugen lieferte der Apotheker, gröbere Mittel wie das nicht zu entbehrende Soda der Krämer. Materialkenntnis und Kenntnis der Reinigungsmittel waren nötig, und fast jedes Kochbuch und jeder Haushaltsratgeber beschrieb detailliert die Behandlung der verschiedenen Möbelstücke und des Schmuckwerks. In Frauen- und Familienzeitschriften gaben sich die Frauen Tips und suchten für spezielle Reinigungsprobleme Rat über Annoncen. (Vgl. die Frauenseiten der Zeitschriften *Daheim, Fürs Haus, Mode und Haus,* die Beilage der *Sonntagszeitung für Deutschlands Frauen.*)

Das Hauptziel der Arbeiten für die Salonausstattung war es, nicht vorhandenen Reichtum gegenüber der Öffentlichkeit vorzutäuschen. Deshalb durfte zwar das fertige Produkt, nicht aber die zur Herstellung notwendige Arbeit sichtbar werden. Der mühevolle Entstehungsprozeß wurde vom bewunderten Endprodukt abgetrennt und verschwand völlig dahinter. Zeitgenössische Anstandsfibeln forderten diese Verschleierung der Arbeit der Frauen, verwandten dafür allerdings andere Begriffe: »Ebenso unbehaglich ist es, den Besucher in ein Zimmer zu führen, das durch häusliche Beschäftigung, Schneiderei etc. unordentlich aussieht.« (Ernst 1885, S. 51)

Der Anblick der Arbeit der Hausfrau und ihrer Arbeitsutensilien – die zitierte Clara Ernst nennt sie nicht ›Arbeit‹, sondern belegt sie mit dem Begriff ›häusliche Beschäftigung‹ – vermittelten dem Besucher Unbehagen. Die Arbeit der Frauen wurde vor ihm versteckt, die Arbeitsgeräte und das verwendete Material wurden in die für die Öffentlichkeit verschlossenen Privaträume verbannt. Ausnahmen bildeten bestimmte verfeinerte Formen weiblicher Handarbeiten, die vom ›guten Ton‹ als durchaus standesgemäß definiert wurden und die deshalb als Produkt der Hausfrau identifiziert werden durften. Dazu gehörte z. B. das Sticken kunstvoller Wandbehänge oder feiner Sofakissen und das Häkeln zierlicher Deckchen.

Hier setzt eine andere Form der Verschleierung ein: Die Arbeit der Frau wird nicht versteckt, sondern der Arbeitsprozeß selbst wird verklärt. Die Arbeit der Frau soll nicht als Last, sondern als ästhetischer Wert für den Betrachter erscheinen. Der eigentlich mühevolle Prozeß der Herstellung auch der standesgemäßen Handarbeiten darf zwar sichtbar bleiben, jedoch erhält er für den Betrachter eine andere Funktion: »Beide, die Frau bei der Arbeit und die Arbeit der Frau sollen niedlich anzusehen sein. Aus ihrer Arbeit wird für den Mann eine Quelle erotischer Freude.« (Duden 1977, S. 135)*

* Barbara Duden zitiert in ihrem Aufsatz einen Oberamtmann, der seine Frau bei der Arbeit beobachtet: »Aber da ich dich mit so viel Emsigkeit und so netten feinen Stichen ausbessern sah, da holte ich unseren Oheim, es mitanzusehen, und ich küßte die deutsche Weiberhand, die wechselweise weißes Zeug nähen, Landschaften und Bilder zeichnen, sticken, kochen, Hauben

Abb. 11: Sitzgruppe, die fast ausschließlich selbstgefertigt ist

Sinnbild dieser Form der Verschleierung war die am Stickrahmen sitzende Frau. Bei ihrem lieblichen Anblick und ihren feinen Händen schlugen die Herzen damaliger Männer höher.

Die Geselligkeit als Schauspiel

Der bürgerliche Repräsentationszwang bestimmte auch die innerhäuslichen Geselligkeiten. Hier werden ebenso wie beim bisher betrachteten Salon die Prinzipien bürgerlichen Lebensstils deutlich: Nach außen hin mußten scheinbarer Reichtum und Vornehmheit demonstriert werden, während der Familienalltag und dessen Einschränkungen peinlich verborgen wurden.

Form und Ablauf der Feiern wurden durch die Gesetze des ›guten Tons‹ festgeschrieben und spiegeln den Zwangscharakter bürgerlicher Repräsentation wider. Dies wird durch die Analyse von Anstands- und Benimmbüchern dokumentiert. Die verborgene Arbeit der Frauen während der Feste und bei ihrer Vorbereitung wird im Anschluß daran betrachtet. Als Quelle dienen hierbei Dokumente zeitgenössischer Frauen in Zeitschriften und Memoiren und Anweisungen in Haushaltsratgebern.

Die Feste als starre Pflichtveranstaltungen

Der Salon, prunkvoll ausgestattet, bildete den äußeren Rahmen der bürgerlichen Repräsentationsfeiern. Der durch Vorschriften des guten Tons bis ins Detail festgelegte Ablauf dieser Feiern, die Steifheit und die gespreizten Umgangsformen ent-

und Garnierungen machen, Clavier spielen, Hausrechnung führen, Wäsche plätten und Briefe schreiben kann. Dieß meine theure Salie!, ist ein wahrer Zauberkreis von so viel reizenden Tugenden, in dem ich mit süßem Bewußtsein einer dauernden Glückseligkeit um dich herumgehe.« (Sophie La Roche, III, S. 83, zitiert nach B. Duden 1977, S. 135) sprachen der glänzenden, bis in die winzigsten Accessoires durchgebildeten Ausstattung. »Die räumliche Basis aber ist der Salon, dessen unpersönlich prunkende Äußerlichkeit dem kategorisch bestimmten Distanzverhältnis der ›Gesellschaft‹ entspricht.« (Wallraf 1939, S. 57 f.)

Die innerhäuslichen Geselligkeiten im letzten Drittel des 19. Jahrhunderts waren nicht mehr zu vergleichen mit den gemütlichen innerfamilialen Feiern zu Anfang des Jahrhunderts, bei denen engere und entferntere Freunde der Familie zusammentrafen. Aus dem Freundeskreis wurde die ›Gesellschaft‹, die frühere Intimität zwischen Freunden, die auch ein privates Gespräch zuließ, wurde zum förmlichen, vornehmen Verkehr. »Die Vornehmheit dieser Einladungen bestand darin, daß es nicht Interessengemeinschaften waren, daß nicht von privaten Freuden und Leiden gesprochen wurde, sondern daß man untereinander gewisse Ehrenbezeugungen austauschte.« (Hamann 1971, S. 147)

Die Höflichkeit sollte gegenseitige Hochachtung zum Ausdruck bringen und die Zugehörigkeit zur selben Schicht demonstrieren. Das Selbstverständnis der bürgerlichen Gesellschaft und ihrer Mitglieder – autonome Individuen treten sich distanziert gegenüber – verlangte eine gemeinsame, allgemeingültige Umgangsform. Gleichzeitig stellten diese Gesetze des guten Tons die Festschreibung einer streng hierarchischen Gliederung dar und führten damit die vermeintliche Gleichheit der Individuen der bürgerlichen Gesellschaft ad absurdum.

Höfliches Verhalten wurde zum Gradmesser von Bildung und bürgerlichem Stand, Unhöflichkeiten degradierten eine Person als ungebildet und unstandesgemäß. Verstöße gegen den guten Ton verursachten Peinlichkeit, höfliches Betragen hingegen ließ auf Sympathien hoffen. Vorstellungen über vollendete Höflichkeit bezogen sich nicht nur auf Verhaltensregeln und sprachliche Wendungen, sondern schlossen Vorschriften der Körperhaltung, des Tons, Blicks mit ein. Die Körperhaltung sollte fein und ungezwungen sein, so daß man ihr »das Bestreben, höflich sein zu wollen, deutlich anmerkt« (Döring

1899, S. 47). Durch einen angenehmen Klang der Stimme mußte versucht werden, die anderen zu gewinnen, alles Rauhe, Ver-
letzende, Abstoßende hingegen war zu vermeiden. Sogar der
Blick mußte kontrolliert werden, »denn man kann durch
Blicke eben so sehr und oft noch mehr wie durch Worte verlet-
zen und beleidigen« (ebd., S. 44). Die eigene Affektkontrolle
mußte eine möglichst vollständige sein, die Gesetze der Höflichkeit wurden zur zweiten Natur des bürgerlichen Menschen.

Höflichkeit in ihrer höchsten Durchbildung, der Artigkeit,
war ablesbar »durch eine Gewandtheit, Geschmeidigkeit,
Leichtigkeit im Reden, Bewegen und Mienen« (ebd., S. 45).
Dies vollendet zu beherrschen bedurfte eingehender Schulung
und langer Übung. Denn »Artigkeit kann natürlich ebenso
übertrieben werden wie Höflichkeit und wird dann zur Gecken-
haftigkeit« (ebd). Und wurde eine Person als Geck eingestuft,
war das gesellschaftlich ebenso vernichtend, als wäre er plump
und unhöflich. Dem guten Ton zu entsprechen, in der richtigen
Art und Weise höflich zu sein, stellte für den einzelnen eine
schwierige Gradwanderung dar, denn jeder Schritt, jedes Wort
konnte schon der erste Fehltritt sein. Vorsicht war geboten, damit alle gesellschaftlichen Regeln befolgt und keine übertreten
wurden – gleichzeitig sollte man fein und ungezwungen wirken:
Ziel war es, die Regeln des guten Tons so zu verinnerlichen,
daß nichts mehr mühevoll antrainiert wirkte:

»Man kann sich wohl einzelne höfliche Formen aneignen, um auf
diese Weise die Welt eine zeitlang zu täuschen und für einen wirklich
gebildeten Mann gehalten zu werden; allein für die Dauer hält das
nicht vor, und sehr bald wird man erkennen, was Schein und Wahrheit
ist, was Angelerntes oder der wörtliche Ausfluß wahrer Überzeu-
gung.« (Döring 1899, S. 39)

Diese allgemeinen Regeln des guten Tones und der Wohlanständigkeit finden im bitterernsten bürgerlichen Gesellschafts-
spiel ihre komplizierteste Form. Die Geselligkeiten werden zum
Prüfstein der allgemeinen Vorschriften über Haltung, Sprache,
Höflichkeit und gleichzeitig zum Gradmesser der Bildung,

Abb. 12: Boudoir – Einrichtung

50

Standesmäßigkeit und Anständigkeit des einzelnen. Der Ablauf dieser Feste war bis ins Detail festgelegt, und jeder kannte ihn. Man traf sich im Salon, wurde vorgestellt, plauderte und ging dann zum festlichen Abendessen in das Berliner Zimmer. Nach dem Menü, bei dem alles aufgetischt wurde, was die Familie zu bieten hatte, ging man zurück in das Gesellschaftszimmer. Dort wurde Kaffee und Likör gereicht, man hörte Klavierspiel und trieb Konversation, bis die ersten aufbrachen.

Alle durchgesehenen Anstands- und Benimmbücher enthalten genaue Anweisungen für jeden einzelnen Schritt dieses Ablaufs. Es fand eine formale Schablonisierung der Geselligkeiten statt, die durch den starren Zwang peinlich zu beachtender Gesetze aufrechterhalten wurde. Dieser Zwang und die damit einhergehende gähnende Langeweile wurde Thema vieler Glossen und Satiren z. B. der *Gartenlaube*. Bleierne Langeweile scheint bei den meisten dieser Gesellschaften geherrscht zu haben, denn sie wird, allerdings in höflich gewendeter Form, in vielen Anstandsbüchern aufgenommen:

»Über die Ungeschicklichkeit des Gähnens, als der Ausdruck der potenzierten Langeweile, brauchen wir wohl eigentlich kein Wort zu verlieren. Ein Gähnender beleidigt die Gesellschaften ungefähr halb so, wie ein Einschlafender...« (Ernst 1885, S. 76)

Die feinen Unterschiede in der beruflichen und sozialen Stellung der geladenen Gäste wurden durch die starren Regeln der Feste betont; die gesellschaftliche Hierarchie der Bildungsbürger untereinander wurde in den Geselligkeiten nochmals reproduziert. Schon bei Eintritt in den Salon wurde der Mann bzw. das Ehepaar mit dem Namen und dem Amtstitel vorgestellt, falls der Vorzustellende nicht durch seine Geburt einen höheren Rang einnahm. Und da man im Gespräch sein Gegenüber mit dem Titel ansprach – »Herr Assessor«, »Frau Geheimrath« – mußte man sich deshalb den Rang und Titel der Vorgestellten genau einprägen. Jeder wußte zu jeder Zeit, in welchem sozialen Verhältnis er zu seinem Gesprächspartner stand und konnte sein Verhalten darauf einstellen; zu einem

Höhergestellten war man noch artiger und devoter, zu einem Untergebenen entsprechend weniger.

Die strenge hierarchische Gliederung der Feste findet eine heute fast absurd anmutende räumliche Variante. Der sozialen Hierarchie der Gäste entsprach die Hierarchie der Sitzplätze in Salon und Eßzimmer. Die Seite des Salons galt als die vornehmste, auf der das Sofa stand, und der sozial angesehenste Sitzplatz war der in der Mitte des Sofas. Auch an der Tafel stand dem vornehmsten Gast ein Ehrenplatz zu: »Die Ehrenplätze befinden sich in der Regel in der Mitte desselben (der Tafel, S.M.) einander gegenüber...« (Döring 1899, S. 66)

Der Hausherr führte die vornehmste Dame zu Tisch, die Hausherrin ließ sich von dem vornehmsten Herrn geleiten. Der Rest der Gesellschaft schloß sich paarweise nach Alter und sozialem Rang gestaffelt an. Die vornehmste Person oder der Hausherr gab den ersten Toast zum besten, und übernahm nicht der Hausherr das Aufheben der Tafel, besorgte es ebenfalls der Angesehenste. Die strikte Orientierung der Bildungsbürger nach oben oder der Versuch, die Lebensweise höherer Schichten zu imitieren oder sich ihnen, wenn schon nicht materiell, so doch zumindest in den Statussymbolen gleichzustellen, tritt hier offen zutage. Dem ranghöchsten Gast wird einerseits vom Gastgeber und in der Folge auch von allen anderen Gästen ganz besonders gehuldigt. Andererseits findet eine – allerdings nur symbolische – Gleichstellung des Gastgebers mit dem Vornehmsten statt, indem man nebeneinander zu Tisch geht, der Gastgeber oder der höchste Gast den ersten Trinkspruch macht und die Tafel aufhebt.

Ein schwieriges Unterfangen für die Gastgeber war es, eine Tischordnung zusammenzustellen, die allen Regeln des guten Tons gerecht wurde. Oft wurden schon Tage vorher Pläne aufgestellt, Tischkärtchen gemalt und im Geiste verteilt. »Sie (die Gastgeber, S.M.) haben bei der Verteilung (der Tischkärtchen, S.M.) zu achten auf den Rang und die besondere Persönlichkeit der Anwesenden und auf die den Damen schuldige Rücksicht.« (Ernst 1885, S. 58) Um ein Tischgespräch in Gang zu bringen, setzte man gern diejenigen zusammen, »welche zueinander zu passen scheinen und von denen man glaubt, daß sie sich dadurch gut unterhalten werden« (ebd). Wußten die Gastgeber, daß sich einzelne Gäste nicht verstanden, »so muß man natürlich auf die feinste, unbemerkbarste Art dafür sorgen, daß dergleichen in ihren Gesinnungen voneinander abweichenden Personen so wenig wie möglich in eine gemeinschaftliche Unterhaltung gezogen, daß sie bei Tisch, so viel es angeht, voneinander getrennt bleiben...« (Döring 1899, S. 61 f.).

Gespräche zwischen den Gästen gestalteten sich wegen all der zu beachtenden Regeln schwierig: Viele Themenbereiche wurden vollständig tabuisiert, – vor allem die Damen durften über viele Dinge nicht sprechen, so z.B. »nicht über Beine, schon gar nicht über schöne, höchstens über kranke« (ebd). Neugierige Fragen, die einzelne Personen betrafen, galten als unhöflich. »Die neue Höflichkeit bedeutete hingegen die Verpflichtung, sich der Intimsphäre gegenüber diskret zu verhalten und sie zu achten.« (Aries 1977, S. 549) Die eigene Persönlichkeit sollte so wenig wie möglich thematisiert werden; die Konversation sollte allgemein bekannte Themen wie Theater, Konzerte, Sommerreisen umfassen.

Die Aufgabe der Hausfrau war es, trotz aller Formalismen, Gespreiztheit und starren Verhaltensvorschriften zwischen den Gästen eine Beziehung herzustellen. Sie sollte das Unmögliche möglich machen und dafür sorgen, daß aus der Gesellschaft alles Steife und Gezwungene rasch verbannt werde. Sie mußte die immer wieder stockenden Gespräche in Gang halten, schweigsame Gäste in die Unterhaltung integrieren, Fremde miteinander bekannt machen und sich möglichst gleichmäßig um alle Gäste kümmern.

»Einen Besuch angenehm für den Besuchenden zu machen, hängt hauptsächlich von der Frau des Hauses ab. Das Haus ist das Gebiet der Frau... ihr ist als Weib mehr Feinheit des Taktes eigen, wie dem Mann, und ein freundliches Entgegenkommen von ihrer Seite wird es gleich bewirken, daß der Besucher sich heimisch fühlt.« (Döring 1899, S. 60 f.)

Abb. 13: Der feine Ton

Die Verantwortung für das Wohlergehen der Gäste wurde der Hausfrau angelastet, sie hatte für deren physisches und psychisches Wohl zu sorgen. Der Frau wurden Tugenden wie Liebenswürdigkeit, Anmut, Taktgefühl und Schicklichkeit als quasi natürlicher Geschlechtscharakter zugeschrieben, was diese Zuständigkeit rechtfertigte. Doch darüber später mehr.

Der Tafelschmuck und die Bedienung

Den Höhepunkt der Repräsentationsfeiern bildete das obligatorische Festmahl. Es wurde zumeist im ›Berliner Zimmer‹ eingenommen, das eigens zu diesem Zweck glanzvoll hergerichtet wurde. In der Regel wurden zu den festlichen Abendgesellschaften mittlerer bürgerlicher Kreise zwischen 12 und 16 Personen eingeladen. Die obere Grenze der Gästezahl ergab sich zwangsläufig durch die relative räumliche Enge bildungsbürgerlicher Wohnungen; in den meisten Fällen wären nicht mehr Personen unterzubringen gewesen.

»Es gehört viel Begabung dazu, wenn die Hausfrau es fertig bringt, auch aus Wohn- und vielleicht sogar aus Schlafzimmer für einen Abend Gesellschaftsräume herzustellen... Da kommt es sogar vor, daß der Flur, falls er etwas größer ist als gewöhnlich in Berlin, zu einem Zimmer umgestaltet wird.« (Leixner 1891, S. 21)

Die aufwendig gedeckte Tafel sollte vermeintlichen Reichtum der Familie symbolisieren und mußte deshalb alle Kostbarkeiten des Hausrats und die Aussteuer der Hausfrau zur Geltung bringen. Jeder einzelne Gast konnte die Gediegenheit des Haushalts an der Qualität des Damasts und der Leuchter und Vasen ablesen. Sein Auge sollte geblendet sein vom Glanz des Silbers, der Anzahl der Gläser und des blitzenden Geschirrs! Ganz in diesem Sinne empfahlen Haushaltsratgeber wie der von J. v. Wedell:

»Die Tafel soll stets der leuchtende, ins Auge fallende Punkt im Speisezimmer sein, deswegen verlangt sie viel Licht und Glanz. Laß daher alle deine Schätze aus dem Silber- und Glasschrank so hell und rein putzen wie nur möglich, laß alles nur so blinken vor Sauberkeit...« (Wedell 1897, S. 196)

Jede Frau versuchte einen besonderen Tafelschmuck zu kreieren, denn die Ausstattung ihrer Tafel sollte möglichst noch üppiger und noch eindrucksvoller sein als bei allen anderen Festen. Zu diesem Zweck rät J. v. Wedell (ebd., S. 197): »Kurz, erlaubt ist, was gefällt, und es gilt nur das eine Gesetz: gib deiner Tafel im Rahmen des guten Geschmacks ein möglichst individuelles Gepräge.« Dieser von Wedell formulierte Grundsatz des »individuellen Gepräges« wurde für die Frauen zur Verpflichtung. Ihre Tafel mußte unverwechselbar sein, damit sie einen bleibenden Eindruck bei den Gästen hinterließ. Die Maxime der individuellen Gestaltung hieß für die Hausfrauen, daß sie Teile des Arrangements selbst – d. h. unverwechselbar –anfertigen mußten.

Sie malten die aufgestellten Tischkärtchen selbst oder erfanden immer neue Arten, den Gästen die Speisefolge mitzuteilen:

»Wir finden sie (die Speisenfolge, S.M.) in Form kleiner musikalischer Instrumente als Tamborin, Harfe oder Zither, als Apfel, Apfelsine und Blume, mit unserem Namen geziert, auf der Serviette liegend, als Palette mit in Aquarell ausgeführten Figürchen bemalt, neu in der Ausstattung oder sogar der Idee.« (*Illustrierte Frauenzeitschrift* 1889, S. 56)

Da die Tafel üppig wirken und sich unter der Last der Tafelausstattung förmlich biegen sollte, mußte der ganze innere Raum des Tisches zwischen den eigentlichen Tellern und Gläsern der Gäste mit Tafelschmuck ausgefüllt werden. Die Mitte des Tisches schmückten die Frauen mit großen Tafelaufsätzen, auch große Majolikavasen waren beliebt. Rechts und links des Tafelaufsatzes folgten Kompottieren, niedere Schalen, Leuchter und eventuell nochmals kleinere Blumenarrangements. (Vgl. die Vorschläge in den Frauenbeilagen der Zeitschrift *Daheim*)

Über das fleckenlose, weiße Damasttischtuch wurden selbstgestickte oder selbstgemalte Tischläufer gebreitet und als besonders extravagante Variante wurden »die neuen eigenartigen Läufer aus gedrucktem Crêpepapier« (Wedell 1897, S. 196) empfohlen. Der Phantasie und Fingerfertigkeit der Frauen waren keine Grenzen gesetzt; viele legten 6 – 8 cm breites Band oder einzelne Tüllstreifen in anmutigen Windungen von Glas zu Glas oder streuten noch zusätzlich frische Blumen um die Teller.

Abb. 14: Beim Diner

Attribute damaligen Wohlstands waren ausreichendes und zueinander passendes Geschirr und Besteck, also ein vollständiges Service, das auch entsprechend teuer und – falls ein solches vorhanden – zu Recht Stolz jeder Hausfrau war, denn Porzellan und Besteck waren zumeist Teile ihrer Mitgift. Es war verpönt und degradierte die gastgebende Familie in den Augen der Gäste, wenn bei dem Versuch, die Tafel möglichst pompös auszustaffieren, zwar die besten, aber verschiedenartige Porzellan- und Silberstücke kombiniert wurden.

»…Bei diesem (…) Gebrauche passiert es leider gar zu häufig, daß ein gräßliches Durcheinander von gänzlich verschiedenen geformten und verschieden bemaltem Porzellan zur ›Zierde‹ der Tafel berufen wird. Tassen, die zu allerlei Geburtstagen geschenkt worden sind, Teller, die ein glückliches Familienmitglied in einer Würfelbude gewonnen hat, eine runde Schüssel von englischer Form neben einer eckigen Salatiere von Pariser Form, eine grüngerändete Sahnekanne neben einer blauen Zuckerschale, ein Cabaret mit kunstvollem Blattwerk und prächtiger Malerei neben einem Satz Dessertteller von Ausschuß zweiter Qualität – einem Menschen von Bildung und Geschmack wird gegenüber solch einem Durcheinander entweder weh' ums Herz, oder er lächelt über diese Beweise von Unbildung und Unverstand.« (Jozewicz 1880, S. 180)*

Die meisten bildungsbürgerlichen Familien besaßen kein solches vielteiliges Service und Besteck, doch das durfte die ›Gesellschaft‹ auf keinen Fall bemerken. Eine Möglichkeit, den Mangel zu verbergen, bestand darin, das Geschirr und Besteck von Eltern oder Freunden zu leihen. Falls diese auch keines besaßen, war man gezwungen, sich an ein Verleihgeschäft zu wenden. Diese Notwendigkeit beschrieb Hans Fallada für sein Elternhaus folgendermaßen: »…Gläser und Besteck mußten wir wie alle anderen aus einem Verleihgeschäft entnehmen, das Service aber nicht, denn wir besaßen das weithin in der ganzen Bekanntschaft berühmte Wegewoodservice…« (Fallada 1955, S. 15)

* Jozewicz bezieht sich in dem Zitat auf beobachtete ›Mißstände‹ in mittleren bürgerlichen Familien.

Einen Eindruck vom Umfang und Vielfalt des Geschirrs, Silbers, Porzellans und der Tischwäsche, die für ein Diner von 12 Personen nötig waren, vermittelt folgende zeitgenössische Aufstellung:

»4 – 5 Meter Tischtuch, 15 Servietten, 1 großes und 2 kleine Aufsätze, 2 Blumentöpfe mit Pflanzen, 1 Huilier, 2 Senfgefäße, 2 – 4 Pfeffergefäße, 4 – 6 Salzgefäße, mit Salzlöffeln, 1 Suppenterrine, 2 lange, ovale Platten, 2 runde Platten, 4 Beilageschüsseln, 2 Saucièren, 30 flache Teller, 15 Suppenteller, 30 kleine Teller zu Kompotts und Desserts, 15 Kaffeetassen, 30 Gabeln, 30 Messer, 18 Löffel, 18 Dessertmesser, 12 Dessertgabeln, 12 Dessertlöffel, 12 – 24 Kaffeelöffel, 2 Wasserflaschen, 15 Weißweingläser, 15 Rotweingläser, 15 Sherrygläser, 18 Likörgläser, 10 – 12 Wassergläser, 2 Zahnstocherbehälter, 1 Milchkanne, 1 Zuckerdose mit Zuckerzange, 2 kleine Präsentierbretter.« (Grauenhorst 1897, S. 29)

Der Eindruck des vermeintlichen Reichtums konnte für die Gäste noch verstärkt werden, wenn mit jedem Gang neues Geschirr und Besteck gebracht wurde. Reichte das zumindest sowieso schon geliehene Besteck nicht aus, um es bei jedem Gang zu wechseln, empfahl J. v. Wedell:

»Ist nicht genügend Silber vorhanden, so muß das gebrauchte in der Küche abgewaschen, aber aus dem heißen Wasser in kaltes gelegt werden, damit seine Wärme nicht verrate, daß es unausgesetzt in Gebrauch war.« (Wedell 1897, S. 200)

Der eigentliche Ablauf der festlichen Essenszeremonie gehorchte denselben Gesetzen der sozialen Tarnung wie die bisher beschriebene Vorbereitung: Der Öffentlichkeit wurde ein scheinbarer Müßiggang der Frau vorgeführt, der entscheidende Komponente bürgerlicher Repräsentation und männlicher ökonomischer Potenz darstellte. Ihre mühevollen Vorbereitungsarbeiten wurden vom bewunderten Produkt, hier die gedeckte Tafel, abgetrennt und verschwanden völlig dahinter. Die Hausfrau saß dann zwischen ihren Gästen an dem von ihr gedeckten Tisch, ohne als Urheberin in Erscheinung zu treten.

Die Möglichkeit zur Demonstration scheinbaren Müßiggangs der Frau grenzte die Familie in ihrem sozialen Status von niederen Schichten ab, in denen die Arbeit der Frau offensichtlich und für niemanden zu verbergen war. Die Frauen höherer Schichten arbeiteten genauso wie die aus niederen Schichten, allerdings waren die konkreten Tätigkeiten unterschiedlich. Allerdings mußten die bürgerlichen Frauen ihre Arbeit unsichtbar leisten, und die Verschleierung ihrer Tätigkeiten bedeutete ebenfalls Arbeit.

So wäre, um nur ein Beispiel unter vielen zu nennen, eine Ehefrau, die sich für die Gäste sichtbar um den Ablauf des Menus gekümmert hätte, nicht standesgemäß gewesen. Um sie ›befreit‹ von Arbeit erscheinen zu lassen, mußte der Eindruck erweckt werden, ein Heer von Dienstboten wäre für die Zubereitung der Speisen, für das Servieren und Abräumen zuständig.

»Ebenso war das Dienstmädchen Funktion ... bürgerlicher Repräsentation, Teil des demonstrativen Müßiggangs der Frau, den gesellschaftliche Wohlanständigkeit gebot, der auch ein Zeichen der Absetzung von Schicht und Arbeitswelt war, dem große Teile des damaligen Kleinbürgertums entstammten.« (Schulte 1978, S. 883)

Wie wurde dieser scheinbare Müßiggang der Hausfrau während der Abendgesellschaften aufgebaut? Der einzige Dienstbote bildungsbürgerlicher Familien, das Mädchen für Alles, wäre mit dem Bereitstellen der Speisen, dem Servieren, dem Nachschenken der Getränke und dem Abräumen allein überfordert gewesen. Außerdem waren die meist vom Land kommenden, sehr jungen Mädchen mit den strengen, festgelegten Regeln des Bedienens nicht vertraut. Es konnte zu schweren ›Zwischenfällen‹ kommen, die den mühevoll aufgebauten Schein ad absurdum führten. (Vgl. Viebig 1950) Deshalb empfahlen Haushaltsratgeber wie z. B. der von J. von Wedell:

»Die Bedienung bei einem Gesellschaftsessen muß tadellos sein. Die Hausfrau darf nirgends mit Wort oder Blick eingreifen. Da die wenigsten Dienstboten eine tadellose Bedienung verstehen, mietet man sich einen Lohndiener, eine aus Norddeutschland stammende, sehr in Aufnahme kommende Sitte.« (Wedell 1897, S. 202)

Ein Lohndiener, der für einen Abend gemietet und zusammen mit dem Mädchen für alles die Bedienung übernahm, scheint in den bildungsbürgerlichen Familien der damaligen Zeit die Regel gewesen zu sein. Ein männlicher Diener war das Symbol äußerster Vornehmheit, da im ausgehenden 19. Jahrhundert nur noch die reichsten Familien männliche Diener beschäftigten. Die Erscheinung des Lohndieners wurde in vielen Kurzgeschichten und Glossen der zeitgenössischen Familienzeitschriften thematisiert und auch kritisch unter die Lupe genommen. Es wurde beschrieben, wie sich die Lohndiener weder in den fremden Wohnungen zurechtfanden, noch mit den hauseigenen Mädchen zurechtkamen. In einigen zynischen Glossen wurde das Bild eines Lohndieners gezeichnet, der das Angewiesensein der Familie auf ihn bewußt ausnutzte und sich in der Küche am herrschaftlichen Wein gütlich tat oder die Reste des Menüs verschwinden ließ.

Auf der anderen Seite standen die heimlichen Ängste der Hausfrau, daß sich der Lohndiener daneben benehmen oder die Gäste ihn erkennen könnten: »Ist das nicht derselbe wie bei Geheimrats?« Sie bangte innerlich ständig, die sorgfältig arrangierte soziale Tarnung, der Versuch, Reichtum und sozialen Status in Gestalt des scheinbar ›hauseigenen‹ Dieners vorzutäuschen, könnte auffliegen. Man kann sich den verstohlen bangenden Blick der Hausfrau und die kritischen Gäste, die nur auf einen Formfehler warteten, quasi bildlich vorstellen. »Man bangte um das Gelingen. Die Gäste, denen fast allen diese Situation allzu gut bekannt war, verfolgten mit fast ängstlicher Spannung diesen Ablauf.« (Dronke 1974, S. 57)

Der ungeheure Arbeitsaufwand, der für diese Feste erforderlich war, und der psychische Stress, den der Ablauf eines solchen Abends für die Frauen bedeutete, mußten vor den Gästen verheimlicht werden. Je vollständiger dies gelang, desto besser war das berufliche Fortkommen des Ehemannes und damit der Lebensstandard und das gesellschaftliche Ansehen der Familie.

Abb. 15: Trinkgeld für das Dienstmädchen

Das Menü und seine Herstellung

Den Höhepunkt des bisher analysierten, mühevoll arrangierten Fest-Szenariums bildete das von der Hausfrau sorgfältig zusammengestellte Festessen. Gemäß diesem nahrhaften Hauptinhalt der bürgerlichen Einladungen nannte man die Gesellschaften schon zu damaliger Zeit etwas abschätzig ›Abfütterungen‹. Diese wurden beschrieben als Veranstaltungen, bei denen hauptsächlich gegessen wurde und man sich außer gespreizten Höflichkeitsfloskeln kaum etwas zu sagen hatte.

»Jeder Gang von der Suppe an besteht aus möglichst zwei Gerichten, und die Zahl der Gänge ist Legion. Schließlich schlafen Hirn und Füße ein, und nur die Kauwerkzeuge bleiben mechanisch in Tätigkeit... Das verteuert die Geselligkeiten und zwingt zu den ›Abfütterungen‹, deren eine immer noch billiger ist, als wenn man mehrmals einen kleinen Kreis bei sich sieht...« (Leixner 1891, S. 22)

Die Hausfrauen versuchten, sich durch die Auswahl und Zusammenstellung der Festessen zu überbieten. Luise Otto-Peters beschreibt diese Veränderung der Gastlichkeit sehr treffend folgendermaßen:

»Sonst trug man da eben auf ›was das Haus vermochte‹, man hatte Vorräthe und öffnete gern die gefüllte Speisekammer wenn ein lieber Besuch am Abend erschien – jetzt ... berechnet die Hausfrau vielmehr die Unkosten eines solchen Abends – zumal bei den sich immer steigenden Ansprüchen – und findet sich bei ihren Bekannten durch ein paar eingeladene Gesellschaften ab. Sie sind unter dem Namen von ›Abfütterungen‹ längst verspottet, aber dennoch an der Tagesordnung... Außer diesen Gesellschaften von möglichst forcierter Großartigkeit sehen solche Familien dann keinen Menschen bei sich....« (Otto-Peters 1876, S. 146)

Die Regeln des ›guten Tons‹ schrieben mindestens 6 Gänge vor, doch durch sorgfältige Wahl der Genüsse und eventuell Verwendung exotischer Zutaten unterschieden sich die Menüs oft erheblich. Dazu schrieb Otto v. Leixner:

»Bezeichnend ist dabei eine Kleinigkeit. Noch vor etwa 30 Jahren gab es in Berlin kaum mehr als drei ›Delikatessenhandlungen‹. Heute ist Berlin W. von ihnen dicht besetzt und schon erstrecken sie sich bis in die Vorstädte hinaus.« (Leixner 1891, S. 22)

Menüvorschläge für festliche Abendgesellschaften findet man in jedem zeitgenössischen Kochbuch oder Haushaltsratgeber, vielfach auch in den Frauenzeitschriften. Je nach anvisiertem Leserkreis fielen die Vorschläge einfacher oder extravaganter aus. Nach einer Bouillon mit Pasteten oder Sandwiches wurden die beiden obligatorischen Hauptgerichte, meist Fisch und ein Braten, gereicht. Eine Süßspeise schloß sich an, danach Butter und Käse, und den Abschluß bildete ein Dessert. Für gehobene bürgerliche Kreise wurden oft drei, bisweilen vier Hauptgänge empfohlen. Das steigerte zwar den Wert der Repräsentationsessen, erhöhte aber den sowieso schon großen Arbeitsaufwand für die Hausfrauen.

Susanna Müller schlug in ihrem Haushaltsratgeber *Das fleißige Hausmütterchen* folgende Menübeispiele vor; sie widmete ihren Ratgeber ausdrücklich bescheidener lebenden, bürgerlichen Hausfrauen, die gezwungen waren, ihren Haushalt mit einem Mädchen für Alles selbst zu versorgen:

»1. Bouillon in Tassen. – Rindfleisch-Röllchen, Kartoffelstock. – gebackene Fische, Salat mit Eiern. – Brennende Omlettes (stark mit Zucker bestreut, mit Rhum begossen und angezündet). – Fruchttorte. - - Dessert.

2. Salm en Sauce. – Gerollter Kalbsbraten mit Salat. – plum-Pudding. – Obst, Butter, Brot und Käse.

3. Haferkorn-Schleim. – Beefsteak mit Kräuterbutter, ausgestochene Kartoffeln. – Blaugesottene Fische. – Schinken mit Salat. – Meringues mit Rahm.« (Müller 1895, S. 403)

Die Vorschläge von Susanna Müller scheinen die damaligen mittleren bürgerlichen Verhältnisse gut zu treffen. Menüs von 10 Gängen mit mindestens 4 Hauptspeisen bei den Einladungen konnten sich diese Familien nicht leisten!

1887 veranstaltete die Zeitschrift *Daheim* ein Preisausschreiben, bei dem ein festliches Abendessen für 12 Personen zusammengestellt werden sollte. Die entscheidende Bedingung war, daß das vorgeschlagene Menü mit Getränken nicht mehr als 60 Mark kostete. Als Preis für den abwechslungsreichsten und originellsten Vorschlag wurden 20 Mark ausgesetzt. Das Preisausschreiben gewann Frau Anna Hoffmann aus Halle mit folgendem knapp kalkuliertem Menü (*Daheim*, Frauenbeilage zu Nr. 30, 1887):

Menü mit Wein für 12 Personen im Preise von 60 Mark.

Von der Redaktion mit dem Preise von 20 Mk. ausgezeichnet.

I. Suppe: 2 Pfd. Rindfleisch Mk. 1,20, Ochsenschwanz oder Niere 30 Pf., Wurzelwerk 5 Pf., Gewürz 2 Pf. Hat dies eine gute Weile gekocht, so gibt man 2 Bröschen, Mk. 1,40, hinzu. Eistich für 40 Pf. herzustellen, etwas Champignons, 29 Pf., und Blumenkohl, 30 Pf., vervollständigen die wohlschmeckende Suppe, zu welcher noch zwei Drittel knapp von der Brühe des gekochten Huhnes kommt, letzteres wird zum ersten Gang verwendet.

II. Frikassee: Ein gutes Huhn, Mk. 1,75, kocht man mit 5 Pf. Wurzelwerk und 2 Pf. Gewürz. Die 2 Bröschen werden gleich dem Huhn fein geschnitten, gleichfalls ein in Salzwasser gekochter Hecht, 1 Mk., übrige Zuthaten: Kapern 20 Pf., 1/4 Pfd. Sardellen 35 Pf., Zitrone 10 Pf., 1/2 Pfd. Butter 60 Pf., Eier 35 Pf., Mehl, Gewürz 20 Pf., 1/2 Pfd. gehacktes Schweinefleisch zu Klößchen 35 Pf., Semmelklößchen 20 Pf., Krebse 75 Pf., Morcheln 30 Pf., Blättergebäck zur Garnitur 30 Pf.

III. Fisch: 5 Pfd. Aal, à Mk. 1,50 = Mk. 7,50, Petersilie, Kartoffeln 15 Pf., 1/2 Pfd. Butter 60 Pf.

IV. Braten: 2 Kapaunen à Mk. 4 = Mk. 8, Speck 20 Pf., 1 Pfd. Butter Mk. 1,20, zur Fülle: 1/2 Pfd. gehacktes Schweinefleisch 35 Pf., nebst Magen, Herz, Leber der Tiere, Morcheln 10 Pf., Eier, Semmel, Gewürz 15 Pf.; grüner Salat 50 Pf.; Kompot: etwas Nüsse, gute Kirschen oder Aprikosen und Himbeergelee oder Dreifrucht, hat wohl die junge Frau selbst eingemacht, sonst ist's wohl für Mk. 2,50 gekauft. Statt der gefüllten Kapaunen kann auch Rinderfilet gegeben werden, 7 Pfd. ausgeschält à Mk. 1,20 = Mk. 8,40, 1/2 Lit. Sahne 40 Pf., Butter dieselbe.

V. Eis: Fruchtstück Mk. 4, Gebäck 50 Pf.

VI. Butter und Käse: Radieschen, Tischbrötchen, Pumpernickel = Mk. 1,65.

VII. Wein: 6 Flaschen leichten Rhein- und Rotwein à Mk. 1,50 = und 6 Flaschen besseren desgl. à Mk. 2 = Mk. 21.

VIII. Kaffee, selbstgebrannt, 1/2 Pfd. 75 Pf., Zucker, Sahne 50 Pf.

Die ausgeworfenen Einzelpreise ergeben zusammen 59 Mk. 99 Pf.

Frau Anna Hoffmann in Halle a/S

Das Menü sollte vornehm und originell sein, luxuriöse Zutaten sollten gewählt und excellent verarbeitet werden. Die Kochkunst der Hausfrau und des Dienstmädchens wurde auf eine harte Probe gestellt. Sie verließen schon Tage vor dem Festtermin kaum noch die Küche, denn die Arbeit nahm kein Ende.

Bei der Planung des eigenen Menüs mußten die Speisenfolgen anderer Geselligkeiten mit berücksichtigt werden. Wie der Tafelschmuck sollte auch das Menü ein unverwechselbares, individuelles Gepräge erhalten, damit das Festessen den Gästen möglichst lange in Erinnerung blieb. Hans Fallada beschrieb die verantwortungsvolle Festvorbereitung seiner Mutter folgendermaßen:

»Die beiden Frauen verhandelten immer eifriger und schließlich immer verzweifelter über die Gänge... Meine Mutter hatte alle Speisefolgen – sprich Menüs – dieses Winters aufbewahrt – : es sollte doch auch etwas Abwechslung sein!« (Fallada 1955, S. 8)

Die Hausfrau und das Dienstmädchen teilten sich die Vorbereitungsarbeiten, die kaum von beiden Frauen zu bewältigen waren. War das Mädchen für Alles zum Kochen völlig ›unbrauchbar‹, mußte für den Abend eine Kochfrau ins Haus geholt werden (vgl. ebd.; Heidi Müller 1981; Viersbeck 1910), denn von der Hausfrau alleine war die Arbeit nicht zu schaffen. Eine Leserin der Zeitschrift *Daheim* beschrieb eine ihrer Festvorbereitungen und gleichzeitig die Arbeitsteilung zwischen sich und dem Dienstmädchen:

»Das Mädchen war in der Kunst, den Braten vorzüglich zu bereiten, unterrichtet, Suppe und Gemüse mußte sie selbständig abwarten und einen etwaigen Pudding in beständigem Sieden halten. Die feine-

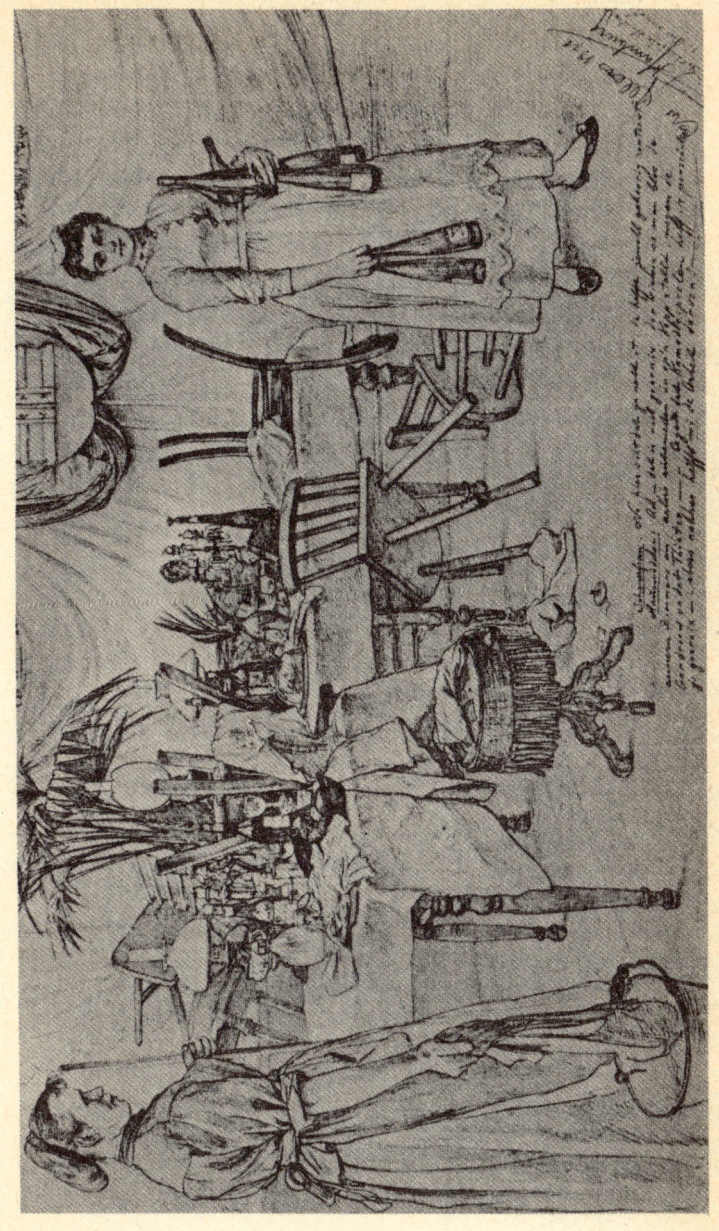

Abb. 16: Unvermeidliche Nachwirkungen der Festlichkeiten

ren Schüsseln bereitete ich zeitig selbst, garnierte sie und brachte sie leicht bedeckt, in den Wärmeofen, bis sie an die Reihe kamen. Kalte Speisen, Gelees und Kompotts wurden den Tag vorher besorgt...« (*Daheim*, Frauenbeilage zu Nr. 22, 1889)

Zwar bestand eine deutliche Arbeitsteilung zwischen Hausfrau und Dienstmädchen, die jedoch nicht gemäß der allgemein angenommenen Trennung von Kopf- und Handarbeit verlief. Die Hausfrau kontrollierte nicht nur das Dienstmädchen und gab Anweisungen, wie das gemeinhin angenommen wird, während diese die eigentliche Arbeit leistete. Beide Frauen mußten kräftig zulangen. Die für die Öffentlichkeit demonstrierte Arbeitsfreiheit der Hausfrau hatte spätestens an der Küchentür ein Ende.

Die Zwänge der Hausarbeit

Bürgerliche Berufe, Beamten- und Offizierslaufbahnen erzwangen diesen beschriebenen ungeheuren Repräsentationsaufwand der Familien gegenüber der Öffentlichkeit. Den Gegenpol zu der Repräsentationspracht bildete der karge Familienalltag. Hier mußte bis zum Äußersten gespart werden, um den für die Öffentlichkeit arrangierten Schein zu ermöglichen. Die Durchführung des innerhäuslichen Sparzwangs war die Aufgabe der Hausfrau. Ohne die von ihr geleistete Arbeit wäre die repräsentative Fassade zusammengebrochen. Die Bedingungen und Zwänge, die die Hausarbeit der Frauen bestimmte, sollen ins Zentrum der Betrachtung gerückt werden.

Der Zwang zum Sparen

Sparen meinte im bürgerlichen Haushalt die Reduktion der zum Leben der Familie erforderlichen Geldausgaben durch die Vermehrung der von Frauen geleisteten Arbeit – Ausbeutung statt Geldausgeben.

Der Zwang zur Ausbeutung der Frauen verschärfte sich, je geringer das Einkommen des Ehemannes war. Bei den hier untersuchten Familien verdoppelte sich dieser Zwang noch durch die hohen fixen Ausgaben für die Repräsentation bei relativ geringem Einkommen. Die Ausbeutung der Frauen war ein zentrales ökonomisches Prinzip, um das materielle und gesellschaftliche Überleben der Familie zu gewährleisten.

Die Möglichkeit, durch die Ausdehnung der Arbeit der Hausfrau Ausgaben einzusparen, implizierte die Reduktion der bezahlten innerhäuslichen Dienstleistungen: »Überflüssige Dienstboten gereichen überhaupt in jeder Lage zu Schaden ... Der größte Gewinn in jeder Hauswirtschaft liegt unbedingt darin, möglichst wenig Leute zu behalten...«(Davidis 1863, S. 55).

Je geringer das Einkommen eines Mannes war, desto zwingender war es, auf Dienstboten zu verzichten. Bildungsbürgerliche Familien mußten sich zumeist mit einem Dienstmädchen begnügen. Dieses sogenannte ›Mädchen für Alles‹, das bei seiner Einstellung über keine speziellen hauswirtschaftlichen Qualifikationen verfügen mußte, bekam den geringsten Lohn aller Dienstboten und wurde deshalb besonders von mittleren und kleinen Beamten eingestellt. Die gängige Ansicht, mehrere Dienstboten hätten die gesamte Arbeit im Haushalt selbständig ausgeführt und die Aufgabe der Hausfrau hätte lediglich darin bestanden, sie zu beaufsichtigen und Anweisungen zu geben (vgl. z.B. Weber-Kellermann 1974), geht an der Realität der meisten bürgerlichen Familien vorbei. Trotz des unmenschlichen Arbeitsdrucks für das Dienstmädchen, den man gar nicht groß genug einschätzen kann, war die Eigenarbeit der Hausfrau unumgänglich. Neben ihrer eigenen täglichen hauswirtschaftlichen Arbeit mußte sie das Mädchen anlernen und, da es zumeist vom Lande kam, mit den städtischen Bedingungen vertraut machen.

Das Prinzip des Sparens durch Vermehrung der unbezahlten Arbeit betraf einerseits die Verlängerung des Arbeitstages.

»Darum werden wir stets finden, daß rührige Hausfrauen großen Werth auf's frühe Aufstehen und die Benutzung der Morgenstunden legen, und gewiß mit Recht. Wird an jedem Morgen nur eine Stunde gewonnen, so ist diese selbst im kleinsten Haushalt von entschiedenerer Wirkung für die Hausordnung...« (Daridis 1863, S. 42)

Zum anderen rekurrierte es auf die Intensivierung der Arbeit selbst. Die Frauen sollten ihre Zeit überlegt nutzen und die

Arbeiten so geschickt einteilen, daß sie Zeit für noch mehr Arbeit gewannen. Sie sollten sich möglichst wenig Pausen gönnen, keine Mittagsruhe halten oder ihre Zeit etwa durch Lesen vergeuden. Die einzelnen hauswirtschaftlichen Tätigkeiten sollten koordiniert, vollständig erledigt und ineinander verzahnt werden.

»...So sieh in der Besorgung der Hausgeschäfte auch darauf, daß du, wie man sagt, die Gänge ineinander richtest und alles zur gehörigen Zeit und ganz thuest, d.h. ehe du dich wieder an etwas anderes begiebst; dies spart außerordentlich viel an Zeit...« (S. Müller 1895, S. 15)

In den Haushaltsratgebern des letzten Drittels des 19. Jahrhunderts klang bereits die Notwendigkeit durch, die Hausarbeit zu intensivieren, was 30 – 40 Jahre später beim Versuch, die Hausarbeit zu rationalisieren, zentrales Thema wurde. Die Intensivierung der Arbeit bedeutete für die Frauen nicht mehr Freizeit. Der Hausarbeitstag blieb endlos.

Obwohl schon im letzten Drittel des 19. Jahrhunderts viele für die Reproduktion notwendigen Produkte außerhalb der Familie z.T. industriell gefertigt und zum Kauf angeboten wurden, war die Herstellung bzw. Weiterverarbeitung in der Familie trotzdem weiterhin erforderlich. Die Frauen versuchten durch geschickte Methoden der Weiterverarbeitung von Rohstoffen oder Umarbeitung von Gegenständen, zusätzliche Werte zu schaffen und gleichzeitig durch Materialkenntnis die Lebensdauer der Produkte zu verlängern. Von der Existenz des damals bereits durchaus differenzierten Warenangebots darauf zu schließen, daß bürgerliche Hausfrauen Gegenstände des täglichen Bedarfs ausschließlich kauften, ist falsch. Die sich darauf beziehende These vom Funktionsverlust der Familie in der bürgerlichen Gesellschaft, die einen direkten Übergang von der Eigenproduktion der Familie zu einer Konsumgemeinschaft annimmt, greift zu kurz.

Eigenproduktion und Weiterverarbeitung im bürgerlichen Haushalt betrafen vor allem die Bereiche der Wohnungsausstattung, der Nahrungsmittelversorgung und der Verarbeitung der Textilien. Im folgenden soll exemplarisch analysiert werden, welche Arbeit die Frauen mit der Beschaffung, Verarbeitung und Konservierung der Lebensmittel hatten, da gerade an den täglichen Mahlzeiten gravierende Einsparungen vorgenommen werden mußten. Der wichtige Bereich der Verarbeitung der Textilien kann im Rahmen dieser Arbeit nicht detailliert behandelt, sondern nur in einigen, jedoch entscheidenden Aspekten, angedeutet werden:

Der Großteil der Kleidung und Wäsche der Familie wurde von den Frauen selbst gefertigt, wobei die einzige wesentliche Ausnahme die Anzüge des Hausherrn bildeten. Die Frauen kauften die Stoffe, die sie dann selbst, bei komplizierten Stücken mit Hilfe einer Näherin, verarbeiteten. Besonders die Herstellung der Damenkleider, die mit Spitzen und Volants, Besätzen, Biesen und Schleifen reich ausgestattet wurden, war außerordentlich zeit- und arbeitsintensiv. »Sie (die Hausfrauen, S. M.) nähen die Kleider für die weiblichen Mitglieder im Hause mit Hilfe derselben, putzen die Hüte und machen aus wenigem viel...« (Leixner 1891, S. 131). Ebenso aufwendig wie die Herstellung der Kleider war auch ihre Pflege. Nicht umsonst wurden in allen Ratgebern verschiedenste Waschverfahren besprochen. Die unterschiedlichen Materialien verlangten komplizierte und zeitaufwendige Waschverfahren.

Es wurden nicht nur neue Kleider selbst gefertigt, sondern auch alte Kleidungsstücke umgearbeitet. Aus abgelegten Seidenkleidern wurden Blusen, aus alten Wollsachen Kinderkleider, aus zerschlissenen Damenblusen ein Rockfutter oder aus Baumwollstrümpfen Kinderjäckchen. Durch ständiges Ausbessern älterer Kleidungsstücke konnte deren Brauchbarkeit verlängert und evtl. Neuanschaffungen vermieden werden. Nähen, Stopfen, Stricken und Häkeln nahmen kein Ende, und jeder Moment unausgefüllter Arbeitszeit mußte darauf verwendet werden.

»...Grundsatz ist, daß man jedes Stück Zeug, es sei, welches es sei, so lange benutzen muß als dies nur irgend möglich ist. Und zwar, wenn ein Stück nicht mehr zur Ausbesserung gebraucht werden kann, muß es zu anderen Zwecken verwandt werden. Jede Hausfrau weiß, daß namentlich bei Vorhandensein kleiner Kinder die Grundlage ihrer Kleidung das abgelegte Zeug der Älteren sein sollte, so weit dies irgend möglich ist ... Im Ganzen muß als Regel gelten, daß vom feinsten Seidenstoff bis zum schlechtesten Baumwollzeug herab kein Stück in den Lappenbeutel hinabwandern darf, *das noch eine heile Stelle von einer halben Elle besitzt.*« (Stein 1890, S. 188)

Abb. 17: Vorlage für selbstgeschneiderte Gesellschaftstoiletten

Besonders erwähnt werden muß die bürgerliche Heimarbeit, die neben dem innerhäuslichen Sparprinzip ein wichtiger Bestandteil der Arbeit der Frau war. Heimarbeit war in den mittleren bürgerlichen Familien zum damaligen Zeitpunkt weit verbreitet. Oft war nur durch die zusätzliche bezahlte Handarbeit der Hausfrauen der notwendige Lebensstandard abzusichern. »Es gibt in Berlin eine große Menge von Geschäften für Wäscheausstattung u.ä., die neben den eigentlichen Arbeiterinnen eine Anzahl von ›Damen‹ beschäftigen...« (Leixner 1891, S. 132)

Bürgerliche Frauen fertigten in Heimarbeit kunstvolle Stickarbeiten oder häkelten Spitzen und Einsätze. Über die Frauenbeilagen der Zeitschriften suchten die Hausfrauen Käufer dieser textilen Handarbeiten und boten vielfältige selbstgefertigte kunstgewerbliche Produkte an. So fragte eine Abonnentin der Zeitschrift *Daheim* (Frauenbeilage zu Nr. 19, 1887): »Könnte mir jemand Fabriken nennen, für welche ich auf Holz, Atlas, Leder etc. in Öl und Aquarelle malen könnte?« Und eine andere Leserin gab folgende Auskunft:

»Es dürfte für viele Damen, welche durch mancherlei Gründe auf einen Nebenerwerb angewiesen sind, von Interesse sein zu erfahren, daß das Spezialgeschäft für Handarbeiten von Rudolph Moser & Sohn in Leipzig, Humboldstr. 5, jederzeit zur Effekturierung ihrer Aufträge Arbeitskräfte annimmt. Besonders in Kunsthandarbeiten geübte Damen finden dort lohnende und dauernde Nebenbeschäftigung...« (*Daheim,* Frauenbeilage zu Nr. 31, 1890)

Solche Anfragen aus den Zeitschriften ließen sich beliebig aneinanderreihen.

Gegenüber der Öffentlichkeit mußte die Heimarbeit bürgerlicher Frauen peinlichst verborgern werden. Das Bekanntwerden der bezahlten Arbeit der Gattin eines angesehenen Bürgers hatte dessen sozialen Abstieg zur Folge. Oft wurde sie sogar gegenüber dem Ehemann verschwiegen. Wohl das bekannteste literarische Beispiel hierzu ist Ibsens Nora. Das erarbeitete Geld floß in die Hauswirtschaft und half, den Lebensstandard etwas zu verbessern. Der Ehemann bemerkte die heimliche Arbeit auch deswegen oft nicht, weil er über die Kosten und die Arbeit in der Hauswirtschaft nicht Bescheid wußte.

»Heimlich, ganz heimlich, daß ja Niemand es merke, holen sie (bezieht sich auf Beamtenfrauen, S. M.) sich Handarbeiten aus den Geschäften; heimlich, ganz heimlich tragen sie das Fertige wieder hin – Niemand soll und darf es wissen: ›Registrators arbeiten für ein Geschäft‹, – *denn das ist nicht standesgemäß*!« (*Die Gartenlaube* 1885, S. 564)

Galt schon jegliche hauswirtschaftliche Arbeit als nicht standesgemäß, so bedeutete die bezahlte Heimarbeit eine direkte soziale Degradierung.

Das Leben der Frauen war zweigeteilt und gehorchte verschiedenen Gesetzen: Innerhalb der Familie mußten sie die hauswirtschaftlichen Tätigkeiten nach dem Prinzip größtmöglicher Sparsamkeit erfüllen – Hausarbeit kannte keinen Müßiggang. Erst die unbezahlte Hausarbeit ›hinter den Kulissen‹ ermöglichte das repräsentative Auftreten gegenüber der Öffentlichkeit. ›Vor den Kulissen‹ sollten sie müßig erscheinen und durch ihre angebliche Freistellung von hauswirtschaftlicher Handarbeit die ökonomische Potenz und den sozialen Status des Ehemannes symbolisieren.

Fremde durften sie weder bei der körperlichen Arbeit sehen, noch Spuren dieser Arbeit an ihr entdecken. Weiche, gepflegte Hände, denen man die tägliche Arbeit im Haushalt nicht ansah, waren ein Standesattribut. Ein zeitgenössischer Ratgeber empfahl dazu:

»Es kommt sehr häufig vor, daß selbst hochgestellte Damen zu Hause mithelfen in allen häuslichen Arbeiten, und dadurch, besonders bei Küchenarbeiten, Putzereien usw., haben manche Hände vor anderen die Anlage, sehr rauh, hart und schwielig zu werden; kommen dann diese Frauenzimmer in Gesellschaft, so geniert es sie doch ungemein, solch rauh aussehende Hände zu haben. Um nun auch bei den härtesten und gewöhnlichsten Arbeiten, wie z.B. Kochen, Spülen, Bödenfegen und dergleichen, dennoch eine eben so zarte Hand zu erhalten, wie diejenigen Damen, die außer ihrem Strick- und Nähzeug keine anderen Arbeiten verrichten, halte man sich immer ein Stückchen frischen Speck, reibe jeden Abend vor dem Schlafengehen die Hände damit wohl ein und man wird seinen Zweck vollkommen erreichen, man hat indeß nebenbei die Unannehmlichkeit, mit Handschuhen schlafen zu müssen, um das Bett nicht zu beschmutzen.« (Eckardt 1854, S. 71)

Abb. 18: Handcreme-Reklame von 1882

Die finanzielle Kontrolle durch den Ehemann

Die finanzielle Grundlage für die hauswirtschaftliche Arbeit war das Wirtschaftsgeld, das ihr der Ehemann zuteilte. Die Höhe ihres Haushaltsgeldes war abhängig vom Einkommen des Mannes, den fixen Ausgaben und seinem ›Gutdünken‹. Es gab keine vertragliche Regelung über die Höhe des Haushaltsgeldes. Der Ehemann konnte zumeist die Kosten der Wirtschaft nicht beurteilen, und war er obendrein geizig, fiel ihr Wirtschaftsgeld zu knapp aus. Die Frau stand in völliger finanzieller Abhängigkeit vom Mann und mußte oftmals um jeden Pfennig bitten.

»Hier, liebe Frieda, gelange ich an einen Punkt (das Wirtschaftsgeld, S. M.), welcher für uns Frauen der schwierigste des ganzen ehelichen Lebens genannt werden darf und gewiß schon so viele Thränen gekostet hat, als an einem heiteren Maimorgen Thautropfen an der Spitze der Grashalme zittern ... Aber leider haben wir in dieser Hinsicht oft mit Unverstand, Eigensinn oder gar mit Mißtrauen – dem Verletzendsten für eine vernünftige Frau – von Seiten der Männer zu kämpfen, und dadurch war nur zu oft schon der heilige Frieden der Ehe gestört.« (Kübler 1880, S. 21)

Dies sollte den Frauen das Wirtschaften zumindest in finanzieller Hinsicht erleichtern und ihnen das tägliche Erbitten des Geldes ersparen. Die Ratgeber empfahlen Beamtenfamilien einen Ausgabenvoranschlag, der von ihrem Jahreseinkommen ausging, zu erarbeiten. Der Voranschlag sollte ein angemessenes Verhältnis zwischen Wirtschaftsgeld und den anderen fixen Ausgaben festsetzen und den Frauen eine Grundlage zum Widerstand gegenüber eventueller Willkür des Ehemannes geben.

»Ein junges Paar hat bei seiner Verheiratung genau zu erwägen, welche jährliche Summe seine Einkünfte ihm zur Bestreitung des Haushaltes zu verwenden gestatten, damit die Ausgaben stets in einem vernünftigen Verhältnis zu den Einnahmen stehen.« (Ebd., S. 20)

Das Jahresbudget sollte von beiden Ehegatten gemeinsam erstellt werden, denn die Ratgeber sahen ein, daß auch die Ehefrau einen genauen Überblick über das Einkommen ihres Mannes brauchte. Der Ehemann war dazu jedoch nicht verpflichtet und so mußte die Hausfrau oft um Aufklärung bitten. Vielfach ließen die Ehemänner ihre Frauen im Unklaren über die Geldverhältnisse:

»Leider lassen so manche Ehegatten in begreiflicher, aber unverzeihlicher Schwäche ihre Frauen in totaler Unkenntnis ihrer Geldverhältnisse. Aber nur dann kann eine Frau am richtigen Orte sparen und an rechter Stelle ausgeben, wenn sie weiß, wie ihre pekunäre Lage ist. Darum, liebes Hausmütterchen, bitte den gestrengen Herrn und Gebieter, daß er dir einen Einblick in sein Budget gönnt.« (Wedell 1897, S. 133)

Offensichtlich fand die Verschleierung der realen ökonomischen Lage der Familie, wie sie gegenüber der Öffentlichkeit stattfand, ihre Fortsetzung im Verhältnis der Ehegatten zueinander. Der Hausherr versuchte, seiner Frau die finanzielle Grundlage des Hausstandes zu verschweigen. Diese Haltung verweist auf die neue Einstellung zu Ehe und Familie in der bürgerlichen Gesellschaft. Während in der traditionellen Gesellschaft ökonomische Versorgungsinteressen die Grundlage der Ehe waren und Liebe zwar nicht ausgeschlossen, aber auch keine Vorbedingung für die Ehe war, wurde in der bürgerlichen Gesellschaft die Ehe in die in Liebe vollzogene, vor allem psychische ›Verschmelzung‹ der Ehegatten umgedeutet.

»...Die Liebe ist nur für den Einen ... Und darin liegt dann ihre Gewalt, aber auch ihr Ziel, daß, wenn sie einmal da ist, sie auch den ganzen Menschen umfaßt und durchdringt, mag er sein, wie er will, ob schön oder nicht schön, ob reich oder arm, ob weise und gut oder unverständig und verworfen ... die Liebe hofft alles, sie glaubt alles, sie duldet alles, sie ist das zweite höhere Leben, dem wir gehören und zuletzt gehorchen. Darum ist es auch diese Liebe, die zum Brautaltar führt.« (Stein 1890, S. 36)

Offenheit zwischen den Ehegatten über die finanziellen Verhältnisse war mit den bürgerlichen Vorstellungen inniger Liebe und psychischer Verschmelzung nicht zu vereinbaren.

In den analysierten Quellen wurden unterschiedliche Vorschläge gemacht, wie ein Jahresbudget aufzustellen ist. Ziel aller Vorschläge war es, den Jahresverdienst des Mannes in verschiedene Ausgabenrubriken einzuteilen und diese zueinander in ein praktikables Verhältnis zu setzen. Die einfachste Lösung des Problems bot Susanna Müller in ihrem *Fleißigen Hausmütterchen*. Sie zog die festen Kosten, die in jedem Haushalt vorkamen, wie Steuern, Löhne, Geschenke, Zeitschriften, Brennmaterial, die Anschaffung neuer Kleider und einen festen Posten für Unvorhergesehenes vom Jahreseinkommen ab. »Der Rest bliebe für Nahrung und zur Führung des Haushaltes...« (Kübler 1880, S. 20)

Einen differenzierten Budgetvorschlag versuchte die Zeitschrift *Daheim* 1887 durch ein Preisausschreiben zu ermitteln. Folgender Vorschlag, der das Jahreseinkommen wesentlich genauer unterteilte, wurde mit 20 Mark als erstem Preis ausgezeichnet:

»Für Aufstellung eines Wirtschaftsetats hat sich nach langen Erfahrungen als Grundsatz bewährt, das Gesamteinkommen in 25 Teile zu teilen, davon 2/25 für unvorhergesehene Ausgaben außer Rechnung zu lassen und die übrigen 23 Teile wie folgt auf die einzelnen Positionen zu verteilen:

1. Miete		5/25
2. Kleidung		2/25
3. Ernährung		11/25
4. Heizung		3/4/25
5. Hausstand und Lohn	1	1/4/25
6. Arzt und Apotheke		1/25
7. Persönliches und Verschiedenes		2/25
		23/25
dazu		2/25 für Unvorherges.

(*Daheim*, Frauenbeilage zu Nr. 27, 1887)

Zwar wurde in den Kochbüchern und Haushaltsratgebern immer wieder darauf hingewiesen, daß die Erfordernisse des Einzelhaushalts von diesen Schemata abweichen konnten. Trotzdem betonten sie immer wieder die Notwendigkeit der Jahresbudgets, besonders für junge Ehepaare. Zu deren Orientierung schlug Oskar Pache in seiner *Wirtschaftlichen Hausfrau* (1894, S. 40) eine noch differenziertere Rubrikeneinteilung, aufgeschlüsselt für verschiedene Einkommensstufen, vor:

Gruppen der Lebensbedürfnisse	Prozentverhältnis unter den Ausgaben je einer Familie		
	des Arbeiterstandes mit 900-1200 M. Jahreseink.	des Mittelstandes mit 1800-2400 M. Jahreseinkommen	d. Wohlstandes mit 3000-4500 M. Jahreseinkommen
1. Nahrung	62%	55%	50%
2. Kleidung	16%	18%	18%
3. Wohnung......	12% } 95%	12% } 90%	12% } 85%
4. Heizung und Beleuchtung......	5%	5%	5%
5. Erziehung,Unterricht, Seelsorge .	2%	3,5%	5,5%
6. Rechtsschutz, öff.Sicherheit ..	1% } 5%	2% } 10%	3% } 15%
7. Gesundheitspfl.	1%	2%	3%
8. Geistige und leibl. Erholung .	1%	2,5%	3,5%

Das so errechnete Wirtschaftsgeld sollte der Mann monatlich auszahlen. Die Haushaltsratgeber argumentierten, daß eine wöchentliche Auszahlung der Frauen die sparsame Wirtschaftsführung unmöglich mache. Mit einem monatlichen Haushaltsgeld hingegen konnten die Hausfrauen besser planen und einteilen. Nur so konnten größere Einkäufe getätigt werden. Gerade die für den sparsamen Haushalt unumgängliche Vorratshaltung erforderte periodische Großeinkäufe, die mit einem Wochenbetrag nicht durchzuführen waren.

»Wo freilich die sorgliche Frau diese Einkünfte nur in einzelnen Groschen erhält und diese sich noch erbitten muß, da ist es derselben niemals möglich, etwas größere und darum vorteilhaftere Einkäufe zu bewirken; sie ist gezwungen von der Hand in den Mund zu wirtschaften und sie kann froh sein, wenn das überhaupt noch möglich ist...«
(Ebd., S. 22)

für die gewöhnliche und feinere Küche.

23. Auflage.

Treffliches
Braut-, Hochzeits- u. Geburtstagsgeschenk.

Preis 3 Mk. 50 Pf.
Eleg. geb. 4 Mk. 50 Pf.

Verlag
von
Velhagen & Klasing
in
Bielefeld und Leipzig.

Abb. 19: Anzeige für die 23. Auflage von Henriette Davidis'
Kochbuch

Kochbuchautorinnen rieten den Frauen, darauf zu dringen, die Verwaltung und Einteilung des Haushaltsgeldes selbständig durchzuführen. Am besten sollte ihnen der Ehemann auch die finanzielle und nicht nur die arbeitsmäßige Verantwortung für den hauswirtschaftlichen Bereich übertragen. Ständige Einmischung und Kontrolle würde dem Hauswesen schaden und Zwistigkeiten unter den Eheleuten säen.

»...die Frau solle das Gebiet der Haushaltung und die Ausgaben für dieselbe unbedingt übernehmen und der Mann ihr regelmäßig die dazu bestimmte Summe einhändigen. Der Mann wird dabei den Vortheil haben, sich um keine Haushaltungsangelegenheiten bekümmern und das liebe Geld, von dem man sich so schmerzlich trennt, nicht so oft zwischen den Fingern drehen zu müssen.« (Kübler 1880, S. 22)

Allerdings wurde dadurch die Kontrolle des Ehemannes und die finanzielle Abhängigkeit der Frau nicht aufgehoben. Die Frauen mußten über ihre Einnahmen und Ausgaben sorgfältig Buch führen und es auf Verlangen dem Ehemann vorlegen. So verschieden die Vorschläge zur Aufstellung des Jahresbudgets waren, so einig waren sich die Autoren über die Notwendigkeit der täglichen Buchhaltung der Hausfrau: Jede Frau sollte an jedem Tag alle Ausgaben, die gekauften Warenquanten und deren einzelne Preise notieren – kein Pfennigbetrag durfte fehlen.

»Damit man nicht vergesse, irgend eine kleinere oder größere Ausgabe zu notieren, ist es zweckmäßig, sich hierzu eine Schreib- oder Taschenbuchtafel zur Hand zu halten, auf die nur die im Laufe des Tages gemachten Ausgaben vermerkt werden.« (Ebd., S. 25)

Wöchentlich mußten die Vermerke über die täglichen Ausgaben in ein spezielles Wirtschaftsbuch übertragen werden, das sich die Frauen meist selbst, gegliedert nach verschiedenen Rubriken, anlegten. Die einzelnen Ausgaben wurden einzelnen Spalten zugeordnet und aufaddiert und mit den veranschlagten Ausgaben verglichen. Die Ausgaben der Frauen mußten mit dem erhaltenen Wirtschaftsgeld übereinstimmen.

»Das Wochenbuch ist der einzig mögliche Weg, vollständige Klarheit in die Wirtschaft zu bringen, den Haushalt in vollständiger Ordnung zu halten, und uns vor allzu großen Ausgaben für die uns angenehmsten Güter zu bewahren und uns die Fehler unserer Wirtschaft zu zeigen, so daß man es tatsächlich ein goldenes Familienbuch nennen kann, das mit der gewissenhaftesten Sorgfalt geführt werden muß.« (Pache 1894, S. 37)

Diese Buchhaltung stellte für die Frauen eine neue, zusätzliche Arbeit dar, die täglich durchgeführt werden mußte. Der proklamierte Wert für das hauswirtschaftliche Sparprinzip war gering, da die Einsparungen weniger durch das formale Auflisten der Geldbeträge, sondern durch ausgiebigen Preisvergleich, Waren- und Materialkenntnis, hauswirtschaftliche Erfahrungen und vor allem die Arbeit der Frauen erzielt wurden. Das Haushaltsgeld war zumeist die einzige Geldquelle, über die die Ehefrau verfügte, den Hauptteil des Einkommens und eventuelles Vermögen, sogar die Mitgift der Ehefrau, verwaltete der Ehemann.

Der Zwang zur Verschleierung

Bisher wurden die vielfältigen Formen der Verschleierung der Arbeit der Hausfrau gegenüber der Öffentlichkeit betrachtet. Wie dies ihre Fortsetzung in der Beziehung der Ehegatten findet, wird uns im folgenden beschäftigen.

Die räumliche Trennung von Produktion und Reproduktion machte die Wohnung zum Erholungsort des Mannes, in der er vorwiegend seine Freizeit verbrachte. Für ihn wurde die Wohnung zum Binnenraum des Glücks, eine gemütliche und gefühlvolle Häuslichkeit sollte die Gegenwelt zur feindlichen Erwerbssphäre darstellen. Von der Frau wurde die Herstellung dieser gemütlichen Häuslichkeit und der emotionale Ausgleich für die leistungsorientierte Berufswelt erwartet.

Die physische und psychische Rekreation des Mannes wurde zur Arbeit der Frau. Die Erfüllung seiner Wünsche und Bedürfnisse wurden zur obersten Pflicht der liebenden Gattin!

»Das ist die Arbeit des Herzens ... Was sie will, ist das Glück des Anderen, was sie weiß, ist das, was dem Anderen fehlt, was sie leistet, ist das, was der Andere sich selbst nicht geben und ohne das er doch nicht glücklich sein kann. Es ist die Arbeit der Hingebung der eigenen Kraft an den Anderen ... Es ist die Arbeit welche ihren Lohn sieht und findet ... in dem Wohlsein, das sie den Gefühlen der Anderen bereitet

... Sie wird zur täglichen Hingebung für den Geliebten zur Freude an seinem Genuß...« (Stein 1890, S. 39)

Die der Frau zugeschriebene Reproduktionsarbeit wurde mit Durchsetzung der bürgerlichen Gesellschaft als deren psychische Disposition umgedeutet und ihre ›natürlichen Geschlechtseigenschaften‹ mit Spezifika wie Passivität, Hingebung, Güte, Einfühlung und Selbstverleugnung belegt. Die Geschlechtseigenschaften des Mannes wurden durch Rationalität, Durchsetzungsvermögen, Willenskraft u.ä. definiert. »Der Geschlechtscharakter wird als eine Kombination von Biologie und Bestimmung aus der Natur abgeleitet und zugleich in das Innere des Menschen verlegt.« (Hausen 1976, S. 369)

Die Realität der treusorgenden Gattin war die »Arbeit aus Liebe und Liebe als Arbeit« (Bock/Duden 1976, S. 48f).

»Und was nun das alles sei, was so geschehen muß, um diese individuelle arbeitende Liebe zur freundlichen Erscheinung zu bringen, das kann im Einzelnen weder die Wissenschaft noch die Pflicht, das kann nur jene innere Arbeit des Herzens selbst lehren, die alles Einzelne, was sie thut, nach dem Genusse bemißt, den es dem geliebten Manne und in ihm sich selber bereitet.« (Stein 1890, S. 41)

In seiner Anwesenheit sollte Ruhe und Gemütlichkeit herrschen. Die Entspannung des Ehemannes stand im Mittelpunkt, die Ehefrau sollte ihm ganz zur Verfügung stehen und alle Störungen von ihm fernhalten. Wenn er zu Hause war, sollten ihre hauswirtschaftlichen Arbeiten ruhen, damit sie sich ihm vollständig widmen konnte. Sie sollte ihm zuhören, seine Klagen verstehen und ihm seine Sorgen abnehmen, seine außerhäusliche Arbeit hochschätzen, ihn anerkennen und Mißerfolge lindern.

»Gott möge jeden Sterblichen bewahren vor Noth – aber wenn sie eintritt und wenn alles um ihn her zusammenbricht, und er dennoch mitten in dem furchtbaren Ruin noch eine Stimme hört, die ihm liebend zuruft, noch eine Hand sieht, die sich für ihn erhebt, noch ein

Wesen findet, das, mögen die Menschen und Dinge sein und thun gegen ihn, was sie wollen, mit unerschütterter Treue an seiner Seite steht, und der ganzen Welt gegenüber fest und liebend zu dem Unglücklichen hält, ja ihm bis in den Tod folgt – dann erfährt man, was die höchste Arbeit des Herzens ist, dann erfährt man was es heißt, eine Frau zu haben!« (Zit. n. Bock/Duden 1976, S. 48ff.)

Die Hingabe an den Mann findet ihre Konkretion darin, daß die Bedürfnisse des Ehemannes den Tagesablauf der Frau vollständig bestimmten. Ihre Arbeiten in der Küche, Speisekammer, das Sauberhalten und Aufräumen der Wohnung, das Nähen usw. mußten in seiner Abwesenheit bewältigt werden, da sie sonst seine Entspannung verhindern könnten. Die Hausfrau mußte ihren Haushalt so organisieren, daß sie während der Freizeit des Mannes von ihrer rein hauswirtschaftlichen Arbeit freigestellt war. War er zu Hause, stand seine psychische Rekreation im Mittelpunkt ihrer Arbeit, sie leistete vordringlich Beziehungsarbeit. In seiner Abwesenheit mußten die hauswirtschaftlichen Arbeiten, ausgerichtet nach dem strengen Sparprinzip bürgerlicher Familien, bewältigt werden.

Dies soll im folgenden an einem typischen Tagesablauf genauer analysiert werden. Dazu wurden die normativen Aussagen Lorenz von Steins, der das Ideal der bürgerlichen Frau festschreibt, mit den Ratschlägen von Kochbüchern und Haushaltsratgebern verglichen.

Die Frauen sollten frühzeitig, lange vor Mann und Kindern, aufstehen und zusammen mit dem Dienstmädchen ihr Tagewerk beginnen. Vor dem gemeinsamen Frühstück mit dem Ehemann war die Wohnung zu lüften und aufzuräumen (mit Ausnahme des Schlafzimmers des Gatten), Schuhe und Stiefel zu putzen. Wenn der Ehemann zum Frühstück erschien, mußte das Zimmer sauber und gemütlich sein, die Arbeitsgeräte bereits mit den Spuren der Arbeit beseitigt sein. Das Frühstück sollte bereitstehen, damit er nicht warten mußte.

»Aber das Frühstück selber muß zur rechten Zeit da sein; ein thätiger Mann hat selten Zeit, auch nur eine Viertelstunde auf das Decken eines solchen Tisches zu warten.« (Stein 1890, S. 202)

Die Ehefrau sollte sauber angekleidet sein und einen ebenso ordentlichen Eindruck machen wie das Zimmer und der Frühstückstisch. Jegliche hauswirtschaftliche Tätigkeit mußte unterbrochen, alle Störungen durch morgendliche Arbeiten vermieden werden, im Zimmer sollte Ruhe herrschen. Die Ehefrau sollte sich während des Frühstücks ganz auf ihn konzentrieren und seine Wünsche und Bedürfnisse sofort erfüllen.

»Die Hausfrau muß unbedingt dafür sorgen, daß der Mann am Morgen von allen häuslichen Unbequemlichkeiten und Störungen durchaus fernbleibe ... Darum beschütze du gleichsam mit liebender und sorgsamer Hand die erste Stunde des Arbeitstages deines Mannes vor allem, was in sie hineingreifen könnte; das ist nicht immer leicht, aber es wird dir immer herzlich gedankt werden...« (Ebd.)

»In dieser Stunde bist du ganz allein für ihn da. Hüte dich, auch nur einen Augenblick zu vergessen, daß der Mann den ganzen Tag hindurch in seiner Frau dieselbe Frau sehen wird, die er am Morgen gesehen hat ... Laß deinen Mann den Eindruck mit sich nehmen in seine Arbeit, daß er einen ruhigen und wohlgeordneten Hausstand hinter sich läßt...« (Ebd., S. 202/203)

Sobald der Hausherr die Wohnung verließ, band sich die Hausfrau die Schürze um und führte die hauswirtschaftlichen Arbeiten fort. Als erstes mußte der Frühstückstisch abgeräumt, das Kaffeegeschirr in die Küche getragen und abgespült werden. Die Ratgeber rieten den Frauen, dies selbst zu besorgen, da die Dienstmädchen das teure Porzellan nicht sorgfältig genug behandelten; blitzendes Kaffeegeschirr galt als Zierde guter Hausfrauen. Die Lampen mußten geputzt, Betten gemacht, das Schlafzimmer aufgeräumt und gelüftet werden. War die Wohnung in Ordnung gebracht, begannen die Küchengeschäfte, es mußte gekocht, Einkäufe selbst besorgt bzw. das Dienstmädchen geschickt werden. Falls noch Zeit blieb, sollte der Vormittag zum Bügeln genutzt werden, da dann viel Feuerung gespart würde. Die Frauen wurden von den Ratgebern angehalten, einen Großteil der hauswirtschaftlichen Arbeiten morgens zu erledigen, da dann nachmittags mehr Zeit für andere Arbeiten verblieb.

Wurde vor dem Essen Besuch erwartet – die späten Vormittagsstunden waren die standesgemäße Zeit dafür – mußte die hauswirtschaftliche Arbeit erledigt sein bzw. liegengelassen werden. Die Hausfrau hatte dem Besuch müßig gegenüberzutreten, die Schürze abzunehmen und die Hände zu waschen und Ruhe auszustrahlen, selbst wenn sie abgearbeitet, müde und gestreßt war: »Auf einen solchen Besuch aber richte dich so ein, daß er, wenn er kommt, nicht merke, daß du bei der Arbeit warst...« (ebd., S. 209). Wiederum mußte die hauswirtschaftliche Arbeit der Hausfrau aus Repräsentationsgründen gegenüber der Öffentlichkeit verschleiert werden!

Sobald der Ehemann mittags die Wohnung betrat, mußten die morgendlichen Arbeiten beendet und das Mittagessen fertiggestellt sein. Im Eßzimmer sollte Ruhe und Ordnung herrschen, alle Arbeitsspuren beseitigt sein, also z.B. kein Nähzeug herumliegen. Das Zimmer sollte Gemütlichkeit ausstrahlen, der Tisch liebevoll gedeckt sein. Die Hausfrau sollte ihm lächelnd gegenübertreten und alles daransetzen, ihm die Mittagspause zu verschönen. Seine Bedürfnisse standen im Mittelpunkt, sie mußte ihre Wünsche oder Interessen hintanstellen.

»Der Mittag habe heiligen Hausfrieden. Banne den Streit und Hader, wenn er denn einmal kommen will in gelegenere Zeiten ... Bei Tische ist dein Mann noch stets zur Hälfte bei seinen Geschäften; darum betrachte ihn als Deinen Mann, aber behandle ihn als Deinen Gast.« (Ebd., S. 214)

Der Ehemann bekam nur das fertige Essen, den fein gedeckten Tisch oder das ordentliche Zimmer zu Gesicht, die Arbeit, die dazu nötig wurde, blieb ihm verborgen.

Kaum hatte der Ehemann die Wohnung verlassen, änderte sich das Arbeitsbild der Frau erneut grundlegend, die hauswirtschaftlichen Arbeiten wurden fortgesetzt. Es mußte abgeräumt, die Reste in die Speisekammer gebracht und konserviert werden. Das Abwaschen sollte zumindest beaufsichtigt und das Zimmer erneut in Ordnung gebracht werden. Der restliche Nachmittag sollte dann, sofern nichts anderes Vordringliches anstand (z.B. der Waschtag oder Hausputz), zum Nähen, Stopfen, Flicken, Ausbessern, Umarbeiten von Kleidungsstücken benutzt werden.

»Wohl dem Haus, in welchem kein Tag hingeht, in dem nicht mindestens zwei Stunden lang die Hausfrau mit dem täglichen Verschleiß und Verderb vor ihrem Nähtisch kämpft...« (ebd., S. 207).

Die im bürgerlichen sparsamen Haushalt entscheidende Näharbeit der Frauen wurde für den Hausherrn wiederum kaum sichtbar, er bekam nur das Produkt zu sehen, bzw. bemerkte am Verschleiß, daß die Näharbeit unterlassen wurde. »Die Handarbeit der Frau ist nicht unwichtiger, weil sie grade dann am besten sein wird, wenn man das von der Frau gearbeitete kaum zu sehen bekommt...« (ebd). Bis der Ehemann abends nach Hause kam, sollten die hauswirtschaftlichen Arbeiten beendet sein. Nach dem Abendessen sollten Ruhe und Muße herrschen.

»Unter allen menschlichen Bedürfnissen gehört das zu den wichtigsten, daß der Abend die Zeit der Erholung, des Genusses ist. *Kein* Mann wird sich dem entziehen... Laß Deinen Mann, was immer ihm am meisten lieb ist, in seinem eigenen Hause am Abend finden. Du wirst es schon zu entdecken wissen...« (Ebd., S. 215)

Wieder strukturierten seine Bedürfnisse den Verlauf des Abends, während sie ihm eventuelle Wünsche von den Augen ablesen sollte... aus Liebe.

Die Ratgeber empfahlen den Frauen, am Abend mit dem Mann vor allem über die Kinder zu sprechen. Sie sollte ihm die Streiche und Nöte der Kleinen erzählen, ihm deren Aktivitäten mitteilen. Allerdings, so betonten die Ratgeber, sollten diese Gespräche auf keinen Fall zur Belastung für den Ehemann werden, sondern seiner Erbauung dienen.

»Das Sprechen über die Kinder hat eine eigenthümliche Gewalt über das Gemüth. Sind sie klein, so versetzt es uns in die Zukunft und

läßt uns mit lieblichen Bildern zukünftigen Glücks den oft schwer be-
drängten Augenblick der Gegenwart versüßen. Sind sie groß, so ruft es
uns die freundlichen Erinnerungen vergangener Zeiten hervor. Die
wahre Freude an unseren Kindern haben wir im Grunde zugleich an
uns selbst; laß Deinen Mann dasselbe genießen.« (Ebd., S. 215 f.)

Besonders schwierig war es für die Frauen, dieses Prinzip
der Verschleierung von Hausarbeit bei periodisch auftreten-
den, besonders arbeitsintensiven Tätigkeiten durchzuhalten; z.
B. war es am Waschtag, der einen ungeheuren Arbeitsmehrauf-
wand darstellte, fast unmöglich, in der Anwesenheit des Mannes den Schein von Ruhe, Freundlichkeit und Müßiggang aufrechtzuerhalten. Wurde der Schein durchbrochen, fühlte sich
der Ehemann gestört, waren Konflikte die Folge, die Luise
Otto-Peters am Beispiel des Großreinemachens folgendermaßen beschreibt:

»Kein Wunder, daß besonders den Männern solche Scheuertage
ein Greul waren und daß sie besonders gern hinter ihrem Rücken angesetzt wurden, d. h. wenn sie verreisten oder außer dem Haus zu tun
hatten. Aber nun der Schrecken, wenn sie früher wiederkamen als berechnet und als man fertig war – da gab es in den friedlichsten Wohnungen Verstimmungen und anzügliche Reden über den ›Scheuerteu-
fel‹ usw. In anderen kam es zu Streit und Zank.« (Otto-Peters 1878,
S. 26)

Eine ›gute Hausfrau‹ mußte also mit vielfältigen Kenntnis-
sen und Fertigkeiten dem nötigen hauswirtschaftlichen Spar-
programm gerecht werden und ihren Tagesablauf und die einzelnen Tätigkeiten an den Bedürfnissen des Mannes orientie-
ren. Dieses Ideal formulierte eine zeitgenössische Hausfrau:

»Mein Ehrgeiz ist bereits zu höheren Stufen aufgestiegen, ich will
nicht nur meinen Haushalt führen, sondern ihn so führen, daß niemand etwas vom Geklapper merkt, daß er, wie einmal irgend jemand
gesagt hat, ›einem gut gehenden Uhrwerk vergleichbar ist, wo das Zif-
ferblatt das Werk deckt und nur der Zeiger vorn ruhig die Stunde
weist‹!‹« (Braun-Artaria 1888, S. 205)

Die Unsichtbarmachung der Hausarbeit findet ihre konsequente Fortsetzung im Verstecken der Arbeitsgeräte. Ein herumstehender Besen wirkte störend, und die Wohnung als Ort der Ruhe und Muße durfte nicht durch herumliegendes Schuhputzzeug verunstaltet werden. Die Arbeitsgeräte mußten folglich in der Küche gelagert oder, in hübschen Kästchen sortiert, in Schubladen oder Kästen verborgen werden.

»Wie vieles kann eine aufmerksame Hausfrau in Körbchen und Kistchen anständig versorgen; z. B. die Bestecke, das Nähzeug, die Stricksachen, Flicklappen, Putzlappen, Lumpen, Papier... Das Putz-

Abb. 20: Selbstgefertigte Staubtuchbehälter

gerät je für Schuhe, für Lampen, Bestecke etc., die alle wieder ihren geeigneten Platz in Kasten, Schubladen und verborgenen Winkel einnehmen, wo das Auge nicht gestört wird...« (Kübler 1880, S. 20)

War es nicht möglich, das Arbeitsgerät in Schubladen dem Blick zu entziehen, wurden die Behälter von den Frauen durch kunstvolle Handarbeiten verziert. Beim Anblick dieser Behälter vergißt man die Lappen, die darin verborgen werden, und die Arbeit, die die Verzierung machten.

Hier wird das Prinzip der Verschleierung und Unsichtbarmachung besonders deutlich und gleichzeitig auf die Spitze getrieben: Die Verschleierung wird selbst zur Arbeit.

Hinter den Kulissen:
»Mehr Sein als Schein«

Die Küche als Tabu

Mit Herausbildung der bürgerlichen Gesellschaft wurde die
Wohnung zum Hauptarbeitsplatz der Frau, wobei die Arbeitsanforderungen je nach Raumfunktion variierten: Den Repräsentationsraum und das Familienwohnzimmer hatte sie prunkvoll auszustaffieren und in Abwesenheit des Mannes zu pflegen. In seiner Anwesenheit sollte auch sie zur ästhetischen
Nippfigur erstarren und in fürsorglicher Liebe zu ihrem Mann
aufgehen. In der Küche hingegen hatte die ganze Bandbreite
der haushälterischen Tätigkeiten ihren Platz. Zwar verboten
die Gesetze des ›guten Tons‹ der standesgemäßen Frau die Arbeit in der Küche, doch war sie gezwungen, sie trotzdem zu
tun.

Der Repräsentationsraum im vorderen, ›öffentlichen‹ Teil
und die Küche im hinteren, ›privaten‹ Ende der Wohnung,
stellten für die Frauen die räumlichen und funktionalen Pole
des Binnenraums des bürgerlichen Glücks dar. Dem Verstecken der von den bürgerlichen Frauen geleisteten Arbeit gegenüber der Öffentlichkeit entspricht die völlige Tabuisierung
der Küche.

Das Verschweigen der bürgerlichen Küche spiegelt sich in allen verwendeten historischen Quellen. Die Tabuisierung des
Arbeitsraums der Hausfrau zieht sich durch alle Materialgat-
tungen und findet dort jeweils ihren spezifischen Ausdruck.
Die Analyse der historischen Quellen läßt auf einen Höhepunkt
dieses Phänomens im ausgehenden 19. Jahrhundert schließen.
Dies soll in einem ersten Schritt gezeigt und der Zuammenhang
zwischen der Tabuisierung der Küchen und dem jeweiligen

Grad der Verschleierung der Arbeit herausgearbeitet werden.

In einem zweiten Schritt wird dieses Ergebnis durch die Analyse der veränderten Funktion und Bedeutung der Küche erweitert und erhärtet. In der feudalen Agrargesellschaft war die Küche zentraler Arbeits- und Kommunikationsraum des Hauses, die Ausgrenzung der Küche und der Wohnung korreliert mit der Entwicklung der bürgerlichen Gesellschaft. Gleichzeitig wurden die Arbeiten der Hausfrau und des Dienstmädchens, deren Hauptaufenthaltsort die Küche war, aus dem gesellschaftlichen Bewußtsein verdrängt. An der Entwicklung der Küche ist also gleichzeitig die veränderte Bewertung der Hausarbeit nachzuverfolgen.

In einem dritten Schritt soll die Tabuisierung der Küche zumindest insoweit aufgebrochen werden, als daß die räumlichen Bedingungen dieses Arbeitsraumes und die darin zu verrichtenden Arbeiten untersucht werden. Für die Frauen war die Küche ein Allzweckraum, in dem verschiedenste Arbeiten erledigt werden mußten, die eine enge Kooperation von Hausfrau und Dienstmädchen erforderten. Die Interpretation der Küche als speziellem Kochraum – die Sichtweise des beginnenden 20. Jahrhunderts – geht an der Realität damaliger Frauen vorbei.

Zuletzt wird das für die bürgerliche Hauswirtschaft des 19. Jahrhunderts erforderliche Küchengerät aufgelistet und dessen Beschaffenheit und die zu seiner Erhaltung notwendige Pflege betrachtet. Dabei soll ein Eindruck über die Vielfalt der Geräte, deren Wert und Verwendungsmöglichkeiten vermittelt werden.

Die historischen Quellen als Spiegel der Tabuisierung

Es erwies sich als äußerst schwierig, die Möblierung und Ausstattung der bürgerlichen Küche des ausgehenden 19. Jahrhunderts zu rekonstruieren. Die Untersuchung der verschiedenen Quellengattungen (Baupläne, Kunstgeschichten, Budgetanalysen bürgerlicher Familien, autobiographische Romane und Lebenserinnerungen) ergab ähnliche Ergebnisse, die sich folgendermaßen zusammenfassen lassen: Die Verschleierung der Arbeit bzw. der scheinbare Müßiggang bürgerlicher Frauen – bislang bei den Repräsentationspflichten analysiert – erreichten im Zusammenhang mit der Küche und der darin zu leistenden Arbeit einen neuen Höhepunkt.

Dies spiegelt sich bereits im historischen Material wider, allerdings in nochmals anderer Form, als es für den Salon bereits festgestellt wurde: Es findet nicht nur eine Ästhetisierung und Umbewertung oder ein Verschwinden der Frauenarbeit hinter dem Glanz des fertigen Produktes statt, sondern im Falle der Küche wird der Raum und somit die darin verrichtete Arbeit insgesamt tabuisiert. Sind die Tätigkeiten nicht mehr zu ästhetisieren, macht man einfach die Türe zu.

Will man die Größe der Küche und ihre Lage in der Wohnung rekonstruieren, bietet sich eine Analyse zeitgenössischer Baupläne an. Bei der Durchsicht dieser Grundrisse macht man zumeist folgende Entdeckung: In den Plänen sind den einzelnen Räumen Funktionen zugeschrieben – z. B. Salon oder Zimmer – diese Funktionsbeschreibung fehlt jedoch oft bei der Küche. Zwar läßt sie sich über den eingezeichneten Herd bzw. Kaminanschluß eindeutig identifizieren, jedoch wird zumeist bei diesem Raum als einzigem die Funktion nicht eindeutig vermerkt. Dies läßt sich bereits als Verschleierung der Nutzungszuschreibung deuten.

Um Informationen über Einrichtung bzw. Ausstattung der Küche zu erhalten, bietet sich z. B. die Durchsicht kulturgeschichtlicher Werke an. Dort finden sich breite Beschreibungen bürgerlicher Salons und der für die Öffentlichkeit arrangierten kalten Pracht. Doch schon bei dem eigentlichen Familienwohnzimmer, dem Erholungsraum des Familienvaters, werden die Analysen dürftiger, und je weiter man in die privaten Tiefen der Wohnung vorzudringen versucht, desto spärlicher werden die Informationen. Die dunkle Lage des Schlafzimmers wird kurz bemängelt, und an der Küchentür brechen die Beschreibungen dann endgültig ab. (Vgl. Hirth 1880) Werden die Küchen überhaupt erwähnt, so oft nur mit einem Satz, wie z. B. bei Meier-Oberist (1956, S. 283): »Die Küche ist zwar geräumig, doch schlecht belichtet....« Dieses Verfahren zeigt zum einen eine unglaubliche Ignoranz gegenüber der Lebensrealität der Frauen und spiegelt ebenfalls die Tabuisierung eines Raumes der Wohnung wider.

Eine andere mögliche Materialquelle für Informationen über Möblierung bzw. Ausstattung der Küchen sind Budgetanalysen bürgerlicher Familien. Diese Analysen wurden im ausgehenden 19. Jahrhundert vielfach anhand des Wirtschaftsbuches der Familie vorgenommen und sollten Aufschluß über Ausgaben bzw. Lebensstandard geben. Bisweilen enthalten diese Budgetanalysen Inventarlisten der Wohnung bzw. eine Auflistung der Möbel-Mitgift der Ehefrau. Eine solche Liste sah z. B. folgendermaßen aus (Bücher 1906):

Außer einer reichen Wäsche-Ausstattung erhielt meine Frau von ihrer guten Mutter:

I. Besseres Zimmer:
1 Sopha,
2 Fauteuils,
1 Vertikow,
1 ovalen Tisch,
6 Stühle,
1 Spiegel,
1 Teppich,
2 gestickte Fusskissen.
II. Wohnzimmer:
1 Sopha
4 Stühle,
1 Pianino,
1 Schreibsekretär,
1 ovalen Tisch,
1 Spiegelschränkchen mit Spiegel
1 Wanduhr,
1 Fussbänkchen.

III. Schlafzimmer:
2 kompl. Betten,
1 Wäscheschrank,
1 Kleiderschrank,
1 Waschtisch mit Marmorplatte,
2 Stühle.
IV. Gastzimmer:
1 kompl. Bett,
1 Waschtisch,
1 Kleiderschrank,
1 kl. runder Tisch,
2 Stühle.
V. Küche:
Komplette Einrichtung.
VI. Vorsaal:
1 Kleiderständer
1 Schirmhalter.

Das Ergebnis ist enttäuschend: Die Einrichtung aller Räume wird detailliert beschrieben, lediglich bei der Küche wird *lapidar* »komplette Einrichtung« vermerkt. Aus dieser Angabe läßt sich kaum etwas schließen, da man im ausgehenden 19. Jahrhundert nicht von einer weitgehenden Standardisierung der Möblierung bzw. Ausstattung ausgehen kann. Dies bestätigt das Studium alter Warenhauskataloge (vgl. z. B. Stille/ Beitlich 1978), deren Angebot äußerst vielfältig war. Bei der Angabe »komplette Einrichtung« kann man sich lediglich fragen, ob die Kücheneinrichtung, verglichen mit anderen Räumen, in den Augen des Hausherrn keinen Wert darstellte oder ob er die Kücheneinrichtung etwa gar nicht kannte. Beides spiegelt allerdings die Mißachtung der Küche wider.

Als vierte Quellengattung wurden autobiographische Romane und Lebenserinnerungen untersucht. Die meisten der durchgesehenen Memoiren bzw. autobiographischen Romane beschreiben den öffentlichen Bereich außerhalb der Wohnung oder das Familienleben im Wohnzimmer bzw. Feste im Salon, wobei oft auch Aussagen über die Ausstattung des Salons oder Wohnzimmers zu finden sind. Die Küchen werden zwar zuweilen erwähnt, aber zumindest in den mir zugänglichen Quellen nicht detailliert beschrieben. Gelegentlich wird ein Produkt erwähnt, das aus der Küche herausgetragen wird, vor allem das Mittagessen, aber auch geputzte Lampen etc., oder es wird erwähnt, daß sich eine Frau in die Küche zurückzieht. Das Innenleben der Küche selbst bleibt für den Leser eine Black-Box. Die Küche wird somit in den autobiographischen Romanen und Memoiren ebenso wenig beachtet wie in den kulturhistorischen Quellen oder Wohnungsinventaraufstellungen.*

Die interessantesten Hinweise auf die Einrichtung und Ausstattung der Küchen fanden sich in den Romanen über Dienstboten bzw. deren Lebenserinnerungen (vgl. vor allem Viebig 1950; Viersbeck 1910; Sans Géne 1973). Die Dienstmädchen

---

* Eine Ausnahme wurde gefunden, die hier erwähnt werden muß. Es ist ein Zwischending zwischen Roman und Ratgeber, der das Leben einer jungen Frau im ersten Jahr der Ehe beschreibt: Braun-Artaria (1880).

hatten ein anderes Verhältnis zur Küche, ihrem Arbeitsplatz, in dem sie schlecht bezahlte Arbeit leisteten. Ein peinliches Verstecken war nicht notwendig. Das Verhältnis zur Hausarbeit, ihre Anerkennung als Arbeit durch die Bezahlung und umgekehrt ihre Verschleierung, zeigt sich auch darin, ob sie thematisiert werden oder nicht.

Insgesamt ist auffallend, daß das Nichtvorhandensein der Küche in den historischen Quellen als Ausdruck ihrer Mißachtung in der bürgerlichen Öffentlichkeit des ausgehenden 19. Jahrhunderts einen Höhepunkt erreicht. Dies verändert sich zu Anfang des 20. Jahrhunderts. Ab dem ersten Weltkrieg werden Küchen und Kücheneinrichtung zum Gegenstand öffentlichen Interesses – im Zusammenhang mit den Rationalisierungsbestrebungen im Haushalt knüpfen sich daran wissenschaftliche Fragestellungen.

Allerdings ist nun die Blickrichtung eine spezifische: Die Frauen und ihre Arbeit treten nur vermittelt über die im Zentrum der wissenschaftlichen Betrachtung stehenden Haushaltsmaschinen oder rationelle Wohnungsaufteilung und -einrichtung in Erscheinung. Der Tenor dieser Publikationen ist die Reduktion der Hausarbeit durch die Technik und die Prinzipien der wissenschaftlichen Arbeitsorganisation.

Seitdem wird die Küche und die in ihr geleistete Arbeit unter dem Blickwinkel der Modernisierung gesehen – vom offenen Feuer zum Mikrowellenherd. Diese Blickrichtung geht an der Hausarbeitsrealität von Frauen völlig vorbei, denn bei der Hausarbeit können nicht einzelne Tätigkeiten isoliert betrachtet werden, ohne sie im Gesamtzusammenhang ›Hausarbeit‹ zu sehen. Das Starren auf die angebliche Rationalisierung einzelner Tätigkeiten verliert deren Ziel völlig aus den Augen, ihre Verrichtung erscheint als Selbstzweck. Die unbezahlte Arbeit der Hausfrauen richtet sich jedoch auf die psychische und physische Reproduktion des Mannes und der Kinder. Die Bedürfnisse der Familienmitglieder und die Erfordernisse einer arbeitstechnischen Rationalisierung widersprechen sich grundsätzlich.

»Die meisten Schwierigkeiten für die Durchführung einer sachgemäßen Disposition der Hausarbeit werden sich in jedem größeren Haushalt durch die Familienmitglieder ergeben, vor allem an die Kinder. Stellt jedoch jedes von ihnen immerfort andere Ansprüche..., die sich nicht nach irgendeinem Schema in das Ganze der Arbeitsorganisation einreihen lassen, sondern die stets neu und unerwartet, vom Augenblick geboren, aufsteigen und meist alle Pläne stören und über den Haufen werfen.« (Meyer 1928, S. 181)

Der Hausarbeitstag bleibt auch im technisierten, modernen Haushalt endlos, die Hausfrau kennt keine Freizeit.

Die These von der Reduzierung der Hausarbeit durch die Technisierung stellt lediglich eine neue Form der Verschleierung dar: Wird am Ende des 19. Jahrhunderts die Küche und die darin geleistete Arbeit tot geschwiegen, um die Frauen gemäß dem herrschenden Frauenbild müßig erscheinen zu lassen, so thematisiert man im 20. Jahrhundert vor allem Haushaltsmaschinen, hinter denen dann die eigentliche Arbeit der Frauen verschwindet.

Wird einmal die Arbeit der Frauen selbst zum Thema, so verändert sich lediglich ebenfalls die Form der Verschleierung: Während im 19. Jahrhundert behauptet wurde, die Arbeit der Hausfrau bestehe nur darin, die Dienstboten zu kontrollieren, während diese die eigentliche Arbeit leisteten, so behauptet man im 20. Jahrhundert, die wesentliche Arbeit würde durch Geräte geleistet, die die Hausfrau zum Einsatz bringt. Die Wirkung dieser Behauptung für die Hausfrauen ist dieselbe, in beiden Fällen erscheint sie müßig – zuerst besteht ihre Aufgabe darin, die Dienstboten, dann die elektrischen Haushaltsgeräte zu kontrollieren.

Damit wird ein historischer Prozeß – der mit der Herausbildung der bürgerlichen Gesellschaft einhergehende Zwang zur unbezahlten Hausarbeit für jede Frau – auf den Kopf gestellt. Die bürgerliche Gesellschaft mit ihren technischen Errungenschaften erscheint als Befreier der Frauen von Hausarbeit – und viele Soziologen würden fortfahren und sagen, stellt die Hausfrau frei zur Erwerbstätigkeit. Eine solche Sichtweise verschleiert das geschlechtsspezifische Ausbeutungsverhältnis der bürgerlichen Gesellschaft und die gesamtgesellschaftliche Ausbeutung der unbezahlten Hausarbeit aller Frauen.

Eine völlig neue Sichtweise wird zwingend notwendig: Die Sozialgeschichte der Küche muß den historischen Wandel dieses Arbeits- und Kommunikationsraumes nachzeichnen und dabei die dort arbeitenden Personen selbst in den Mittelpunkt der Betrachtung stellen. Die dort geleistete Arbeit muß zum Thema, die Verschleierung und Tabuisierung müssen aufgehoben werden.

Funktion und wandelnde Bedeutung der Küche

In der agrarischen Produktionsform der feudalen Gesellschaft mit der räumlichen Einheit von Produktion und Reproduktion bildete die Kochstelle das Zentrum des Hauses – und zwar in räumlicher und funktionaler Hinsicht. Eine abgetrennte Küche gab es anfangs nicht. »Der Herdraum, das Gehäuse um den Herd, war ursprünglich das ganze Haus und diente allen Zwecken des Hauses, dem Kochen, Wohnen, Schlafen und Werken...« (Wühr 1956, S. 94).

In den großen Subsistenzwirtschaften z. B. Norddeutschlands lebten die Menschen mit den Tieren unter einem Dach, dessen Mittelpunkt die offene Herdstelle bildete. Der Herd stand zumeist auf der Diele, von hier aus war das gesamte Anwesen zu übersehen. Die Frau, die am Herd arbeitete (das Feuer brannte ständig, denn das Feuermachen war ein äußerst komplizierter Vorgang), konnte das Treiben des Gesindes oder der Kinder kontrollieren, gleichzeitig das Vieh beobachten usw. Der Platz am Herd war ein zentraler Arbeitsplatz und bot einen uneingeschränkten Überblick über das Haus. In ärmeren Familien, z. B. bei Handwerkern oder Tagelöhnern, bildete ebenfalls der Herd das Zentrum der notdürftigen Behausung, die oft nur aus einem einzigen Raum bestand, in dem gleichzeitig gearbeitet und geschlafen wurde.

Über dem offenen Feuer wurde für Menschen und Tiere gekocht (vgl. Kaufmann 1972, S. 82 ff.), Seife gesotten, Subsistenzmittel weiterverarbeitet bzw. hergestellt. Die Arbeit am Herd – in den großen Subsistenzwirtschaften wie in den notdürftigen Unterkünften der ländlichen Unterschichten – wurde von allen als sichtbare Arbeit und als gleichberechtigter Anteil an der Familienwirtschaft bewertet. Familie im alten Sinn meint hier alle unter einem Dach lebenden Personen, also auch Gesinde und andere nicht blutsverwandte Personen.

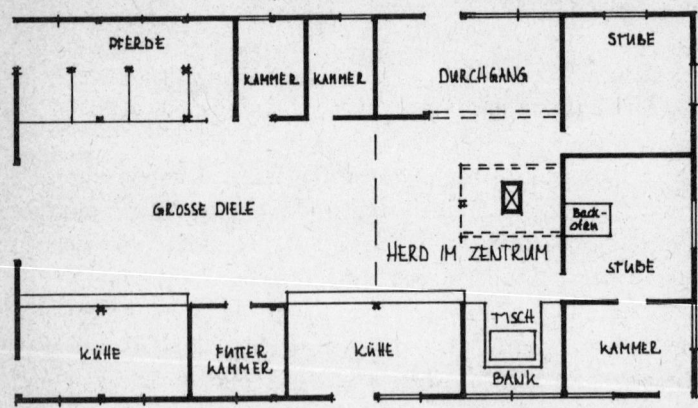

Abb. 21: Typischer Grundriß eines norddeutschen Bauernhofes aus dem 16. Jahrhundert

Einhergehend mit der räumlichen Ausdifferenzierung der Gehöfte entstand der abgetrennte Raum Küche:

> »Erst als nach der Abtrennung anderer Räume der Herdraum nunmehr Kochraum wurde, entstand die eigentliche Küche. Sehr oft und besonders in ländlichen Gebieten jedoch blieb die Küche bis heute zugleich Wohnraum und behielt die zentrale Stellung des Hauses.« (Wühr 1956, S. 94)

Die räumliche Abtrennung der Küche von Wohn-, Arbeits- und Schlafraum änderte unter agrarischen Produktionsbedingungen nichts an ihrer Funktion und Bedeutung für den Familienalltag. Die Küche blieb ein zentraler Arbeitsplatz, meist durch eine Tür mit dem Hof und einer Tür zu Stube und Stall verbunden. Gleichzeitig war die Küche Kommunikationsraum von Frauen und Männern.

Im ländlichen Bereich und beim städtischen Proletariat blieb die Küche Hauptaufenthaltsort der Familie bis weit ins 20. Jahrhundert. Die meisten Wohnungen hatten nur eine Stube und eine Küche, wobei in der Stube hauptsächlich geschlafen und in der Küche gewohnt und gearbeitet wurde. Erst in der bürgerlichen Wohnung verändert sich die bisherige Bedeutung der Küche als zentralem Arbeits- und Kommunikationsraum entscheidend. Sie war nicht mehr Mittelpunkt des Familienlebens, sondern wurde zum unliebsamen Anhängsel der gutbürgerlichen Wohnung und in den hintersten Winkel der Wohnung – zum Hof hin – abgedrängt.* » Ein merkwürdiges Schicksal hat die Küche erlebt. Einst der Mittelpunkt des Hauses..., wird sie heute immer mehr als lästig empfunden und von den Wohnräumen weggeschoben...« (Mehringer 1906, S. 97).

Die Lage der Küche in der bürgerlichen Wohnung ist Indikator für die veränderte Bewertung der in ihr geleisteten Arbeit und Ausdruck für die sich wandelnde Familienstruktur. »Sie (die Küche, S.M.) wird in die nötige Entfernung von den Wohn- und Gesellschaftsräumen gebracht, so daß... die Küchenwirtschaft nicht auf lästige Weise bemerkbar werden kann...« (Zit. nach Sell 1976, S. 16) In der gängigen Literatur findet sich implizit eine Begründung für die Ausgrenzung der Küche aus der bürgerlichen Wohnung: Sie wird als Arbeitsstätte und Aufenthaltsort der Dienstboten gesehen, die die Hausherrin höchstens zu Kontrollzwecken betritt.

Doch die im Haushalt zu leistende Arbeit war so vielfältig, daß sie kaum von *beiden* Frauen, der Hausherrin und dem Dienstmädchen, bewältigt werden konnte. Der Arbeitsplatz beider Frauen war die gesamte Wohnung, im besonderen Maße

---

* In der großbürgerlichen Villa rutschte die Küche statt dessen in den Keller ab (vgl. Schulze 1980, S. 49 f.).

die Küche. Diese war im letzten Drittel des 19. Jahrhunderts Arbeitsplatz und Aufenthaltsort nicht nur des Dienstmädchens, sondern auch der Hausfrau. Hier arbeiteten 2 Frauen, die zwar verschiedenen gesellschaftlichen Klassen angehörten, aber beide – in unterschiedlicher Weise – rechtlich und materiell vom Hausherrn abhängig waren. Während die eine in der Küche unbezahlt, aus Liebe „unkündbar" arbeitete, wurde die andere miserabel entlohnt und konnte jederzeit entlassen werden.

Die verschiedene Klassenzugehörigkeit trennte die beiden Frauen in der Öffentlichkeit strikt. Außerhalb des Hauses begegneten sie sich kaum. Trafen sie dennoch aufeinander, war der unterschiedliche gesellschaftliche Stand unüberwindbar. Die Dienstboten hatten sich ehrerbietig und unterwürfig zu verhalten. Es war ihnen z. B. strikt untersagt, das Wort an Besucher zu richten. Die Herrschaft redete die Dienstboten in der dritten Person oder im Befehlston an.

Auch wenn lediglich der Ehemann in der Wohnung anwesend war, wurde die unterschiedliche Klassenzugehörigkeit ständig neu hergestellt. Das Dienstmädchen wurde in die Küche verwiesen und erschien nur in den vorderen Räumen der Wohnung, wenn sie gerufen wurde.

»Die Dienstboten sind zu dieser Zeit Bestandteil der Repräsentation, in welcher das Bürgertum sich einerseits nach unten, gegen die kleinbürgerliche und proletarische Schicht abzusetzen versucht, zum anderen in der Anlehnung an großbürgerlichen und adeligen Lebensstil seine Lebensfähigkeit erweisen sollte.« (Schulte 1979, S. 881)

In der Küche hingegen – unter Ausschluß der Öffentlichkeit und des Hausherrn – gestaltete sich das Verhältnis der beiden Frauen schwieriger und ambivalenter. Die Ursachen hierfür sind in den Erfordernissen der zu leistenden Arbeit selbst zu suchen. Hausarbeit erzwingt eine Zusammenarbeit aller beteiligten Personen und zumindest eine Kommunikation über die jeweiligen Tätigkeiten. Verstärkt wurde diese Notwendigkeit der Kommunikation durch die Tatsache, daß die bisher jungen, vom Land kommenden Dienstmädchen der bildungsbürgerlichen Familien zumeist von den Hausfrauen angelernt werden mußten, da sie die städtisch bürgerliche Form der Hausarbeit nicht beherrschten. Sogenannte Alleinköchinnen, die Befehle ohne weitere Absprache hätten ausführen können, konnten sich bildungsbürgerliche Familien nicht leisten – sie waren die bestqualifizierten, höchstbezahlten weiblichen Dienstboten und sehr rar.

Die Kochbücher und Haushaltsratgeber des ausgehenden 19. Jahrhunderts betonten ständig und beharrlich die Notwendigkeit, die Distanz zwischen Hausfrau und Dienstmädchen aufrechtzuerhalten. Sie wiesen die Hausfrauen an, mit dem Mädchen nur im Befehlston zu sprechen und über die konkrete Arbeit hinausgehende Gespräche zu vermeiden. Aus diesen eindringlichen Anweisungen der Ratgeber muß darauf geschlossen werden, daß das Herrschaftsverhältnis zwischen beiden Frauen ins Wanken geraten konnte und somit immer wieder neu hergestellt werden mußte. Dies bestätigt die These, daß Hausfrau und Dienstmädchen zumindest in der Küche – dem Raum, der weder von der Öffentlichkeit noch vom Hausherrn kontrolliert wurde – näher zusammenrückten. Sie waren zur gemeinsamen Arbeit gezwungen.

Ein insgesamt ambivalentes Verhältnis zwischen Hausfrau und Dienstmädchen war die Folge. Einerseits hatte die Hausfrau ein konkretes Interesse an der Maximierung der Arbeitsleistung des Dienstmädchens, was nur durch ständigen Druck durchgesetzt werden konnte. Denn nur mit deren Hilfe konnte die Hausfrau ihre Aufgabe, Bedürfnisse und Interessen des Hausherrn zu befriedigen, erfüllen.
Widersetzte sich das Dienstmädchen, mußte die Hausfrau dies gegenüber dem Hausherrn vertreten. Nur das ›Funktionieren‹ des Dienstmädchens konnte die eigene schizophrene Lebenssituation der Hausfrau lindern.

Andererseits zwang die gemeinsame Arbeit die beiden Frauen zur ständigen Kommunikation. Unter dem innerfamilialen patriarchalischen Herrschaftsverhältnis mußten sich die beiden

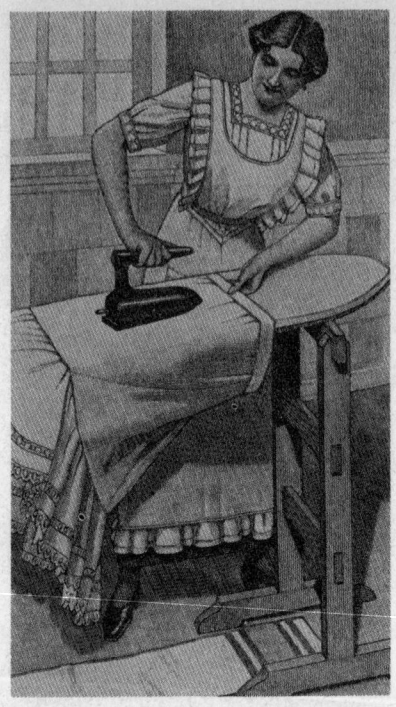

Abb. 22: Dienstmädchen beim Bügeln

Frauen verständigen, ja punktuell solidarisieren, denn nur so war die Lebens- und Arbeitssituation für beide Frauen ertragbar. Dieses Verständnis mußte allerdings unter den gegebenen Bedingungen wiederum als Stabilisierung des innerfamiliären Herrschaftsverhältnisses wirken.

Die schwierige Beziehung von Hausfrau und Hausmädchen und die besondere Funktion der Küche in diesem Verhältnis kommt in den persönlichen Beiträgen der Frauen in den Zeitschriften zum Ausdruck. Die Aufmüpfigkeit der Dienstboten wird thematisiert, ihre Faulheit oder Arbeitsverweigerung, die verbalen Frechheiten der Mädchen gegenüber der Hausfrau oder ihr angeblicher Versuch, Einkaufsgeld zurückzubehalten, wurden immer wieder zur Diskussion gestellt. Die Angst der

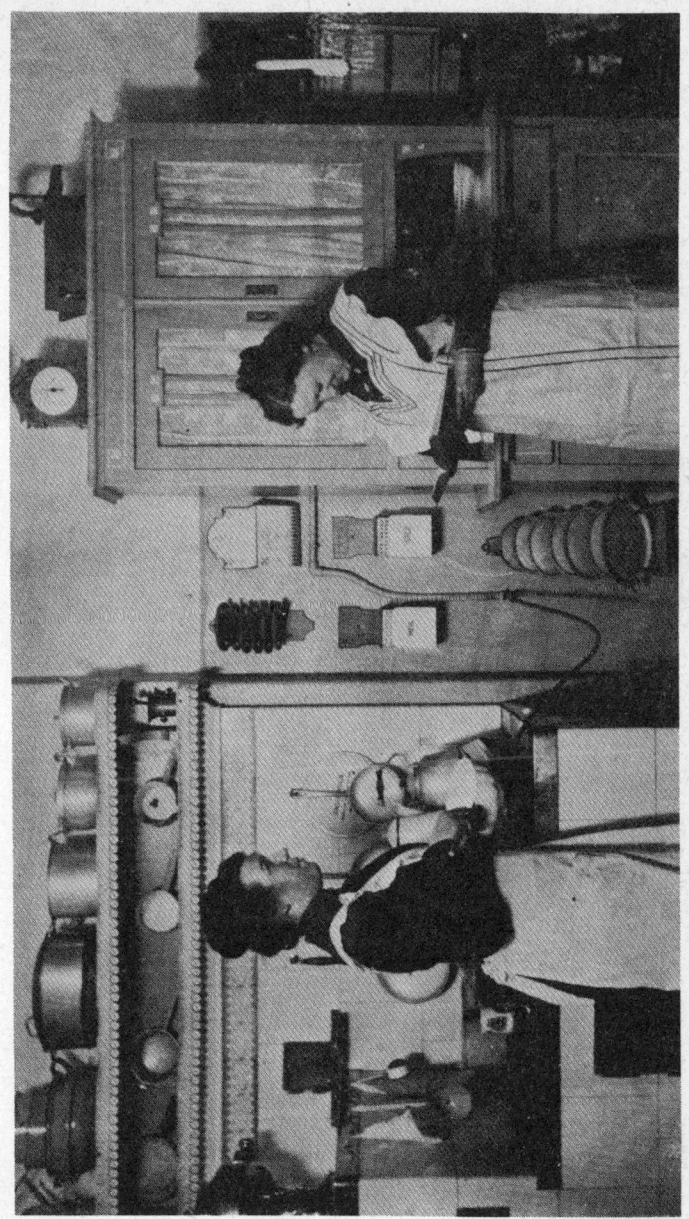

Abb. 23: Hausfrau mit Dienstmädchen

105

bürgerlichen Frauen vor zuviel Nähe kommt hier ebenso zum Ausdruck wie das Aufeinanderangewiesensein der beiden Frauen. Es wird deutlich, daß das Verhältnis zu den Dienstboten für die Frauen ein Problem war und daß sie Schwierigkeiten hatten, die Mittlerfunktion zwischen Hausherrn und Dienstmädchen zu erfüllen.

In der weiteren historischen Entwicklung verschwanden die weiblichen Dienstboten aus den bürgerlichen Haushalten und wurden selbst zu unbezahlten Hausarbeiterinnen. Die Küche blieb weiterhin die Domäne aller Frauen, die dort jetzt allerdings alle unbezahlt und alleine arbeiteten. Dies ist

»ein Prozeß, in dem sowohl aus der Hausherrin wie aus dem Hausmädchen die Hausfrau wird, die im eigenen Heim unbezahlte Hausarbeit aus Liebe verrichtet. Dieser Prozeß läßt sich beschreiben als eine Angleichung, Nivellierung, Homogenisierung der Situation von Frauen ganz unterschiedlicher Positionen in Bezug auf die Hausarbeit...« (Bock/Duden 1977, S. 157).

Die Wohnung wurde zum unbezahlten Arbeitsplatz aller Frauen.

Küchenmöblierung und Küchenarbeiten

Die Küchen der bürgerlichen Wohnungen im ausgehenden 19. Jahrhundert waren, verglichen mit den Küchen der agrarischen Gesellschaft, klein und, da sie nur ein Fenster zum Hof bzw. Lichtschacht aufwiesen, dunkel und schlecht zu lüften. So beklagte sich eine zeitgenössische Hausfrau in der Zeitschrift *Fürs Haus* (1894, Nr. 36, S. 286):

»...Die Klage der deutschen Hausfrauen über kleine, ungenügend beleuchtete Küchen... ist vollauf berechtigt. In der Küche verbringt die Hausfrau des Mittelstandes den größten Teil des Tages. Daher sollte die Küche... am hellsten und luftigsten sein.«

Wohlhabende Familien konnten das Problem der schlechten Belüftung und der Hitze durch Ventilatoren lösen. Ärmere Familien mußten froh sein, wenn die Küche nicht obendrein sonnig war, denn der Herd verbreitete zwar wohlige Wärme im Winter, aber auch unerträgliche Hitze im Sommer. Um mit der Dunkelheit in den Küchen fertig zu werden, behalfen sich viele Frauen mit sogenannten Tageslichtreflektoren, die das Tageslicht in die Küche reflektieren sollten.

Abb. 24: Tageslichtreflektor

Um die Möblierung der bürgerlichen Küche zu rekonstruieren, wurden die Empfehlungen verschiedener zeitgenössischer Haushaltsratgeber miteinander verglichen. Die unterschiedlichen Ratgeber forderten je nach Wohlhabenheit des anvisierten Leserkreises eine einfachere oder aufwendigere Ausstattung. Durch den Vergleich der unterschiedlichen Angaben konnte eine Art Grundausstattung herauskristalisiert werden, die je nach Reichtum der Familie erweitert werden konnte. Mögliche Erweiterungen wurden jedoch nicht berücksichtigt, da sie bei den beschränkten Einkommensverhältnissen der Bildungsbürgerfamilien nicht ins Gewicht fielen.

Die unentbehrliche Ausstattung einer bürgerlichen Küche umfaßte demnach eine Abwäsche oder Spülstein, selbstverständlich einen Herd, Schrank, die Anrichte oder Topfschrank und einen Küchentisch mit 2 – 3 Stühlen.

Den Spülstein, der möglichst hell sein sollte und in der Nähe des Fensters angebracht war, beschrieb Elise Becker folgendermaßen:

»Die Abwäsche oder der Spülstein, ein zur Aufnahme und Reinigung des schmutzigen Eßgeschirrs bestimmter Behälter, welcher stets an den Innenseiten mit Zink ausgeschlagen und groß genug sein muß, um 2 Wannen zum Abwaschen des Geschirrs aufnehmen zu können. In einer Ecke der Abwäsche befindet sich für das schmutzige Wasser ein Ablaufrohr, das nach oben zu mit einem lose aufgesetzten Sieb verschlossen ist...« (Becker 1885, S.18)

Fließendes Wasser und ein Abfluß in der Küche waren im letzten Drittel des 19. Jahrhunderts selbst in bürgerlichen Küchen nicht die Regel. In Berlin wurde 1873 mit dem Bau der Kanalisation begonnen, aber selbst zur Jahrhundertwende waren längst nicht alle Stadtbezirke versorgt. War kein Abfluß bzw. Anschluß an die Kanalisation vorhanden, mußte das Schmutzwasser aus der Abwäsche in einem Eimer aufgefangen und hinuntergetragen werden. »...sobald nun das Abwaschwasser schmutzig geworden, läßt man das Wasser durch das Rohr in einen unter das letztere gestellten Eimer abfließen...« (ebd., S. 19).

Für die Frauen bedeutete ein Wirtschaften ohne fließendes Wasser tägliches Wasserholen vom Hausbrunnen oder der Zapfstelle und anschließendes Hinuntertragen des Schmutzwassers. Mit dem Wasser mußte dementsprechend sparsam umgegangen werden, so wurde z. B. das gebrauchte Spülwasser wieder erhitzt, um den Küchenboden zu scheuern etc.

Die beiden Eimer, einer für sauberes und einer für schmutziges Wasser, hatten ihren Platz auf der Wasserbank. »So steht in der Nähe des Herdes eine kleine, nette Wasserbank mit zwei zugedeckten, weißgescheuerten Wassereimern.« (Davidis 1864, S. 20) Diese Wasserbank mußte in einigen Gegenden Deutschlands von den Mietern selbst angeschafft werden, in anderen Gegenden war sie in der Wohnungsausstattung inbegriffen.

Im untersuchten Zeitraum waren die gekachelten Sprung- oder Sparherde am weitesten verbreitet und wurden »von den erfahrenen Hausfrauen allen anderen Kochherden vorgezogen« (Becker 1885, S. 20). Die Herde waren gemauert, und deshalb war ihre Lage selbstverständlich abhängig vom Kamin.

»Ein solcher Herd enthält je nach seiner Größe oben auf der Platte 4 – 6 Kochlöcher mit Ringen; unter diesen befindet sich der Bratofen und eine geräumige Wasserblase mit Hahn zum Ablassen des Wassers. Der Herd selber ist im Inneren so eingerichtet, daß sowohl das Wasser in der Blase erwärmt, wie auch der Bratofen von dem Kochfeuer mitgeheizt wird. Für den Fall jedoch, daß man überhaupt kein oder nur ein geringfügiges Kochfeuer anlegt, ist unterhalb des Bratofens noch eine Feuerungseinrichtung speziell für diesen Zweck angebracht, und vermittels desselben der Bratofen selbständig zu heizen. Ein guter Kochherd muß bei geringem Verbrauch von Feuerung ein gleichmäßiges Kochen auf sämtlichen Kochlöchern ermöglichen.« (Ebd.)

Eine Neuerung gegenüber den Sparherden stellten die transportablen, eisernen Kochherde dar, bei denen mit einem Kochfeuer ebenfalls der Bratofen, eine Wasserblase und Wärmespind zu heizen waren. Jedoch formulierten die Hausfrauen in den Zeitschriften noch entscheidende Kritik an dieser Neuerung: Die Eisenherde strömten mehr Hitze aus als die Sparherde und machten das Arbeiten in der Küche vor allem im Sommer zur Tortur. Außerdem stellten sie für die Familie eine zusätzliche teure Anschaffung dar.

Auch die zu Ende des Jahrhunderts stark angepriesenen Gasherde waren für viele Familien einfach zu teuer. Nur relativ wenige Wohnungen hatten einen Gasanschluß in der Küche. Zwar wurden die Vorzüge des Gasherdes in Artikeln der Frauen- und Familienzeitschriften hoch gelobt, und es erschienen sogar spezielle ›Gaskochbücher‹ auf dem Markt, aber die überwiegende Mehrzahl der bürgerlichen Hausfrauen hatte sich mit dem Holz- und Kohleherd abzufinden, der im Winter gleichzeitig als Wärmespender diente.

Abb. 25: Eiserner Kochherd

Ein gut funktionierender Herd war von unschätzbarem Wert für die Hausfrau und mußte täglich sorgfältig gepflegt werden.

»Die schwarze Platte wird von allen Unreinheiten befreit, mit zusammengeballtem weichen Papier abgewischt, danach mit einem dazu bestimmten Tuch abgewischt und mit einem, in feinen Sand getauchten Lappen abgerieben, worauf man die Platte mit Ofenschwärze blank putzt.« (Holle 1904, S. 66)

Um Feuerung für den Kohleherd zu sparen, empfahlen die Ratgeber und Kochbuchautoren außerdem die Anschaffung eines zweiflammigen Petroleumkochers. Dieser konnte den Kohleherd zwar nicht ersetzen, doch Frühstück und Abendessen sollten darauf zubereitet werden. So brauchte vor allem im Sommer nur mittags einmal Feuer angelegt zu werden.

Zur obligatorischen Küchenausstattung gehörte weiterhin ein Küchenschrank, der in seinem oberen Teil das Geschirr und im unteren Teil die zum Kochen ständig benötigten Vorräte aufnahm:

»Eine der beiden unteren Abteilungen unseres Küchenschrankes ist mit durchschlagenen Schiebladen und darüber mit einer Bank in passender Höhe versehen. Die Schiebladen dienen zur Aufbewahrung kleiner beliebiger Vorräthe, als: getrocknetes Obst, Mehl, Hafergrütze, Gerste, Reis usw. Auf der darüber befindlichen Bank stehen hübsch ausgesuchte, sauber gehaltene Steintöpfchen mit feineren Vorräthen, z.B. Griesmehl, Suppennudeln, Rosinen, Corinthen, geriebener und geschnittener Zucker, das Theekästchen und der gebrannte Kaffee nebst dem Kaffeemäßchen. In der Abteilung seitwärts sehen wir einen niedrigen steinernen Salztopf, etwas Butter, ein Töpfchen mit durcheinandergeschmolzenem Fett für den Dienstbotentisch, eine Flasche mit Essig, mit Salat- und Lampenöl usw. Die beiden letzteren stehen, um Fettflecke zu vermeiden, auf kleineren Tellern. Der ganze Schrank wird so sauber gehalten, daß man kein Fleckchen daransieht.« (Davidis 1864, S. 150 f.)

Eine Anrichte oder Topfschrank kam noch hinzu. Sie war mit 2 Türen versehen, nahm das Koch- und Bratgeschirr auf und war gleichzeitig als zusätzlicher Tisch oder Ablage zu verwenden. Eine massiver Küchentisch mit einer Schublade, 2-3 Stühle, ein Kasten für Holz und Kohlen, ein Hackklotz und einige Regalbretter an den Wänden vervollständigten die Kücheneinrichtung.

Die Küche war für die Frauen ein Allzweckraum, in dem nicht nur Nahrungsmittel verarbeitet und haltbar gemacht, sondern ebenso gewaschen und gebügelt, geflickt und gestopft, Haushaltsgegenstände und Teile der Wohnungseinrichtung gesäubert wurden. Da Badezimmer bis zur Jahrhundertwende nur in den wenigsten Wohnungen vorhanden waren, wurde in der Küche auch gebadet. Die Hausfrauen der bürgerlichen Mittelschicht und ihre Dienstmädchen hielten sich die meiste Zeit des Tages in der Küche auf, die Hausfrauen vor allem in der Abwesenheit des Ehemannes.

Die Tendenz, die Küche nur als Kochraum zu interpretieren, läuft parallel zu den Hygienekampagnen des angehenden

20. Jahrhunderts. Ihre bauliche Umsetzung erfuhren sie erst mit einer rigorosen Verkleinerung der Küchen, den sogenannten Kleinstküchen nach dem zweiten Weltkrieg; das bekannteste Beispiel dafür ist die Frankfurter Küche.

Gemäß den neuen hygienischen Vorstellungen sollten die Küchen nicht mehr, wie Herrmann Warlich 1908 forderte, »zum Reinigen des Geschirrs, Stiefelputzen und Kleiderbürsten, zum Plätten, Nähen und Flicken« benutzt werden, »denn es widerstrebt vollkommen dem hygienischen Wesen der Küchen, daß in ihr, die nur zur Bereitung der Speisen dienen sollte, andere Verrichtungen (als das Kochen, S.M.) ausgeführt werden« (S. 25). Das Nähen und Flicken sollte aus hygienischen Gründen in einem anderen Raum geschehen, wobei der einzig mögliche das ungeheizte Schlafzimmer gewesen wäre – unsortierte Wäscheberge im Wohnzimmer hätten das Verstecken der Hausarbeit durchbrochen bzw. den ruhesuchenden Ehemann gestört.

Die Forderung, verschiedene Tätigkeiten aus der Küche herauszuverlagern, gingen an der Hausarbeitsrealität der Frauen völlig vorbei. Die einzelnen Hausarbeiten standen in einem strukturellen Zusammenhang und die Zuordnung einzelner Arbeiten zu verschiedenen Räumen bedeutete nur eine Mehrarbeit für die Frauen. Viele Arbeiten griffen in ihrem Ablauf ineinander und wurden folglich in demselben Raum, der Küche, verrichtet. Ein anderer, ebenso wichtiger Grund für das Verlegen vieler Arbeiten in die Küche war sicher deren Heizbarkeit; durch das Schüren des Herdes war die Küche im Winter warm, im Gegensatz zum ungeheizten Schlafzimmer.

Das Ineinandergreifen der einzelnen Arbeitsgänge setzte eine enge Kooperation der Hausfrau und des Dienstmädchens voraus. Am folgenden Beispiel der Behandlung der Wäsche wurde diese funktionale Verzahnung der verschiedenen Arbeitsgänge deutlich. Sie wäre ohne direkte Kooperation beider Frauen nicht durchführbar gewesen.

Die große Wäsche wurde in bürgerlichen Verhältnissen am 14-tägigen oder monatlichen Waschtag durchgeführt. Die

Hausfrau, das Dienstmädchen und zumeist eine Waschfrau mußten dabei von 5 Uhr morgens bis in den späten Abend in der Waschküche hart arbeiten. Der wohlgeregelte Alltag geriet dabei völlig durcheinander. Die Darstellung des Waschens in großen Kesseln und die unterschiedliche komplizierte Behandlung der einzelnen Stücke sprengt den Rahmen dieser Arbeit und wird daher nur erwähnt; in den verschiedenen, hier zitierten Haushaltsratgebern finden sich dazu ausführliche Beschreibungen.

Die kleinen Wäschestücke, die Feinwäsche und die Kleidungsstücke aus schwierig zu behandelnden Materialien, die eine separate Behandlung erforderten, wurden in der Küche gewaschen. Das Wasser wurde auf dem Herd erwärmt und die Stücke dann in einem Holzzuber eingeweicht und herausgewaschen.

Blieben in den Kleidungsstücken nach dem Waschen immer noch Flecke zurück, wurden sie in der Küche nachbehandelt. Likör-, Punsch- und Bowlenflecke wurden mit mäßig verdünntem Spiritus herausgewaschen, Milchflecke hingegen lösten sich z.B. durch lauwarmes Wasser, Tintenflecke konnten verdünnter Salzsäure nicht widerstehen. Für jeden Fleck gab es bezogen auf den Untergrund ein spezielles Mittel. Derselbe Fleck auf verschiedenen Materialien erforderte genauso unterschiedliche Behandlung wie verschiedene Flecke auf demselben Untergrund. Da es schwierig war, verschiedene eingetrocknete Flecke auseinanderzuhalten, wurde ihr unterschiedliches Aussehen, Farbe und Geruch in Haushaltsratgebern und Kochbüchern ausführlich besprochen und Anleitungen zu deren Beseitigung gegeben (vgl. Wedell 1897; Davidis 1864, Holle 1904). Versagten die in den Ratgebern empfohlenen Reinigungsverfahren oder die jeweiligen Hausmittel der Frauen, inserierten sie in Familien- und Frauenzeitschriften, um andere Hausfrauen um Rat zu fragen. Die Frauenseite der Zeitschrift *Daheim* ist geradezu eine Erfahrungsaustauschbörse und gibt Eindruck in die vielfältigen und notwendigen Kenntnisse der Hausfrauen der damaligen Zeit. Einen ähnlichen Stellenwert hatte die Rubrik ›Meinungsaustausch‹ in der Zeitschrift *Mode und Haus*.

Abb. 26: Waschen in der Küche

Ebenfalls in der Küche wurde die Wäsche gestärkt. Zum Stärken wurden oft Abfallprodukte des Kochens benutzt.

»Ich benutze zu bunten Stoffen, Hausschürzen und Dienstbotenkleidern die Brühe von Nudeln, Klößen und Spätzeln, auch Magaronibrühe steift sehr gut. Diese Brühen geben den Stoffen gerade die richtige Steife.« (Das Blatt 1899, Nr. 40, S. 317)

Dieser Rat einer zeitgenössischen Hausfrau macht das Ineinandergreifen völlig verschiedener Arbeitsvorgänge besonders deutlich: Die vom Kochen übrig gebliebene Brühe wurde zum Wäschestärken weiterverwendet. Wäschestärke, Wasser und auch Zeit konnten so gespart werden, und falls die Kleider gleich nach dem Kochen darin gestärkt wurden, sparte man zugleich Feuerung. Das Zitat belegt die umfangreiche Materialkenntnis und den Einfallsreichtum der Hausfrauen.

Auch das Bügeln wurde in der Küche vorgenommen. Wenn kein spezielles Brett hierfür vorhanden war, diente der Küchentisch als Unterlage. Deshalb wurden die zum Bügeln benötigten Untensilien auch in der Tischschublade aufgehoben.

»In Rücksicht auf die Beschränkung des Raumes dient die Schieblade des Küchentisches einzig und allein für die Bügeldecke, deren weiße, leinerne Überlag und einen kleinen weißen Besen zum Einfeuchten der Wäsche« (Davidis 1864, S. 150).

Die Damen- und Kinderkleidung des ausgehenden 19. Jahrhunderts bestand im wesentlichen aus Besätzen, Biesen, Schleifen, Volants und Spitzen. Diese empfindlichen und komplizierten Wäschestücke mußten von Hand gebügelt werden. Die Bett- und Tischwäsche hingegen wurde gemangelt.

Damalige Bügeleisen waren zumeist schwere Kohlebügeleisen, in die glühende Kohle eingefüllt wurde. Die Glut mußte während des Bügelns oft gewechselt werden, schon deshalb war ein Bügeln in unmittelbarer Nähe des Herdes angebracht. Eine Neuerung gegenüber den Kohlebügeleisen war das spitze Bolzenbügeleisen, in das ein erhitzter Eisenkern, der sogenannte

Abb. 27: Eine sehr reichhaltig ausgestattete Waschküche

116

Bolzen, eingeschoben wurde. Es war ein Kunststück und erforderte viel Geschick und Erfahrung, mit diesen Kohle- oder Bolzeneisen die empfindlichen Stoffe, Spitzen, Hemdkragen glatt zu bügeln. Sie waren schwer und unhandlich, die Temperatur war schwierig zu bestimmen und gleichmäßig zu halten.

Das Bügeln stellte eine immer wiederkehrende, langwierige Arbeit dar. Die Frauen veranschlagten hierfür mindestens einen Tag, den Bügeltag. Am Bügeln läßt sich die Kooperation zwischen Hausfrau und Dienstmädchen zeigen. Während die eine bügelte, überprüfte die andere die Wäsche auf kleinere Schäden, stopfte, flickte, nähte Aufhänger und Knöpfe an, legte Stücke mit schweren Schäden in den Nähkorb usw.

»Jedes Wäschestück wird sorgfältig nachgesehen, ein Knopf, ein Band befestigt, eine abgetrennte Spitze wieder angenäht, eine dünne Stelle hübsch gewürfelt ... Wer sich die Mühe nimmt, dem kleinen und kleinsten Schaden bei Zeiten nachzuhelfen, wird seine Sachen sehr lange erhalten und zudem immer ordentlich aussehende Wäsche im Schrank haben...« (*Daheim*, Frauenbeilage zu Nr. 30, 1890).

Die angegebenen Beispiele machen die Vielfalt der Arbeiten deutlich, die in der Küche verrichtet wurden und nicht auf die Lebensmittelverarbeitung beschränkt waren.

Das Küchengerät

Im Gegensatz zu der oben beschriebenen einfachen Möblierung der bürgerlichen Küchen war das für das damalige Wirtschaften nötige Küchengerät äußerst vielfältig: Für die unterschiedlichen Arbeiten waren jeweils verschiedene Geräte nötig, die je nach vorgesehenem Zweck aus verschiedenen Materialien gearbeitet waren.

Da keine direkten Angaben bildungsbürgerlicher Familien hierüber gefunden werden konnten, soll das Küchengerät dieser Familien durch den Vergleich verschiedener zeitgenössischer Haushaltsratgeber und Kochbücher rekonstruiert werden. Die vorgeschlagenen Geräte differierten je nach anvisiertem Leserkreis der Bücher beträchtlich. Die Aufstellung aus Hedwig Heyls *ABC der Küche* (1888, S. 29-33) wurde schließlich ausgewählt und soll im folgenden wiedergegeben werden. Der Vorschlag beschreibt, verglichen mit allen anderen durchgesehenen Aufstellungen, eine sehr einfache Ausstattung. Außerdem sind in Hedwig Heyls Aufstellung die Preise der einzelnen Geräte mit aufgelistet, was in den anderen zugänglichen Vorschlägen nicht der Fall war.

Die Aufstellung des Küchengeräts vermittelt einen Eindruck über den beträchtlichen Wert, den der Hausrat für die Familien darstellte. Das Küchengerät war wie die Wäsche ein Teil der Mitgift bürgerlicher Mädchen und mußte von deren Eltern finanziert werden. Je ›besser die Partie‹ der Tochter sein sollte, desto umfangreicher war auch das Küchengerät.

Abb. 28: Werbung für einen Petroleumkocher aus dem Jahre 1881

Bunslauer und irdenes Geschirr

6	braune Töpfe in verschiedenen Größen	1 50
6	braune Töpfe, sogenannte Kaffeetöpfe	1 50
1	große Reibesatte	— 90
1	kleine Reibesatte	— 50
2	Napfkuchenformen 0,60 u. 0,90	1 50
4	irdene Kochtöpfe verschiedener Größe, zusammen ..	2 50
6	Steintöpfe zu verschiedenen Zwecken, zusammen..	4 —
2	Untersätze für Spiritus und Petroleum	— —
		12 40

Blechwaren

3	Topfuntersetzer à 1,00....	3 —
1	großer Schneebesen	— 50
1	kleiner Schneebesen	— 40
2	kleine Reiben für Citrone und Zwiebel à 0,20	— 40
1	größere Reibe	— 60
1	Mehlstreuer	— 50
1	Zuckerstreuer	— 50
2	Kuchenausstecher à 0,20 ..	— 40
1	Timbalform.............	2 —
1	Puddingform mit Dampfkocher	5 —
1	rundes Sieb	1 —
1	Saucensieb..............	— 75
1	kleines Sieb	— 50
1	flache Schaufel	— 50
1	kleine Bain-mari, auch als Chalotteform zu brauchen	1 75
1	Randform	1 25
1	Tortenbodenform........	— 50
1	Backring	— 60
1	Kaffeetrichter	— 60
1	Mehlspeisenform, letztere lieber in Porzellan........	2 —
		22 75

Holzzeug

3	Bretter in verschiedenen Größen 0,60, 1,00 u. 1,75 .	3 35

1	dickes eichenes Brett zum Knochenhauen	4 —
6	Holzkellen, 3 kurze, 3 lange	— 75
1	Rührkelle...............	— 15
2	Rührkeulen o,25 u. 0,30 ..	— 55
1	Walkholz...............	— 60
1	Putzkasten mit 2 Abteilungen für Blankes u. Herd...	4 —
6	kleine Holzkellen	— 75
2	Butterrollkellen..........	1 —
2	Klösschenrollkellen	— 60
6	Quirle verschied. Größe...	— 75
1	Citronenpresser mit Porzellaneinsatz	1 50
1	Kaffeemolle.............	— 75
		18 75

Kupfergerät

1	Einmachekessel..........	10 —

Blaugrau emailliertes Geschirr zum Kochen.

1	Wasserkessel............	3 50
2	Schaumlöffel à 0,40	— 80
2	Bouillonkellen à 0,60	1 20
2	Kannen à 1 Liter à 1,50 ...	3 —
2	Kannen à 1/2 Liter à 1,25 .	2 50
2	Kannen à 1/4 Liter à 1,00 .	2 —
2	Kannen à 1/8 Liter à 0,75 .	1 50
3	Kasserollen verschiedener Größe mit Deckel 1,50, 2,25 u. 3,00	6 75
1	Kartoffeltopf mit Deckel..	2 50
1	ovale Kasserolle mit Sieb für Schinken, Zunge und Fisch.................	10 —
2	Bratpfannen mit Stiel 1,50 und 2,25.................	3 75
1	Schmortopf.............	2 75
1	Bouillontopf mit fest schließendem Deckel	4 50
2	Bratpfannen für den Ofen 4,50 u. 6,50	11 —
1	Bain-mari-Topf	6 50
4	Näpfe verschiedener Größe 1,50, 2,00, 2,40 u. 3,00....	8 90

2	Formen 2,50 u. 3,50	6	—
6	Teller à 0,90.............	5	40
2	Durchschläge 1,20 u. 2,75 .	3	95
2	Trichter 1,10 u. 1,50......	2	60
1	Milchkocher	4	50
1	Kaffeekanne	2	50
6	Löffel (3 große u. 3 kleine)	2	—
		98	10

Verschiedene Utensilien

1	Decimal Wage, zwei kg Tragkraft, nebst Gewichten	17	—
2	Bratthermometer cplt. à 5.00	10	—
1	Salzmette mit Porzellanschild	1	50
1	Kaffeemühle, verstellbar ..	3	—
1	Pfeffermühle...........	1	50
1	Serpentin-Steinmörser mit Holzkeule	6	—
1	Leuchter mit Streichholzbehälter	1	50
1	Kohlenkasten	3	50
1	Kohleneimer mit Sieb.....	4	50
1	Mülleimer mit Verschluß ..	4	—
2	Backbleche à 1,25........	2	50
1	Kohlenschippe	—	50
1	Feuerhaken	—	40
1	Ständer zum Anhängen der Topflappen und Herdringe	—	75
2	Kehrbleche à 1,00........	2	—
2	Eimer, 1 Fenstereimer von emailliertem Eisenblech ...	9	50
1	Waschnapf von emailliertem Eisenblech	3	—
1	Seifenbehälter von emailliertem Eisenblech	—	60
1	Kaffeebrenner mit Spiritusbehälter, 1/2 kg Inhalt....	7	—
1	Knäuelbehälter mit dünnem Bindfaden	3	—
1	Schiefertafel mit Stift.....	—	25
2	Porzellanbretter 3,50 u. 6,00	9	50
5	Porzellantonnen zu Mehl, Kartoffelmehl, geriebener		

	Semmel, Zucker, Natron, Löffel dazu	10	—
1	Haarsieb	1	75
1	Drahtsieb..............	1	25
1	Messerkorb, 1 Messerspüler 1,00 u. 1,25	2	25
1	Korb für Kartoffeln	2	—
1	Korb für Kartoffelschalen oder Gemüseabfälle	2	—
1	schwarzer kleiner Korb für kleine Einkäufe..........	1	75
1	Marktkorb..............	8	—
1	Brotbeutel zum Holen des Brotes.................	1	—
1	Zwiebelbeutel	—	75
1	Fischnetz mit Drahtbügel .	—	75
1	Beutel für altes Brot	—	—
2	Tablets von Eichenholz 3,50 u. 4,00	7	50
		125	50

Verschiedene Maschinen und Messer.

1	Fleischhackmaschine mit beweglichen Messern	9	—
1	Mandelreibe	3	50
1	Knochenmesser mit Keule .	5	—
1	Buntschneidemesser......	1	50
1	Küchenbeil	2	50
1	Schere	1	—
1	Wiegemesser	3	—
1	Etui mit Spicknadeln	2	50
1	Dressiernadel	—	20
1	Kuchenrad.............	—	50
1	Apfelbohrer	—	50
1	Kartoffelbohrer	—	50
1	Siebreiniger	—	20
3	kleine Küchenmesser à 0,15	—	45
2	kleinste Küchenmesser à 0,25	—	50
1	Tranchiermesser (Sabatier)	2	25
3	Gabeln à 1,00	3	—
1	Messerschärfer	—	75
1	Messerbrett	1	25
		38	10

Bürsten und Besen für die Küche.

1	Fensterpinsel	1	—
1	Schrubber	1	25
1	Haarbesen	2	—
1	Wandbesen	3	50
2	Handfeger 1,00 u. 1,50	2	50
2	Maschinenbürsten	—	60
1	Scheuerbürste	—	50
1	Fensterschwamm	2	—
3	Scheuerlappen à 0,40	1	20
1	Stielscheuerbürste	1	—
1	Waschpinsel	—	50
1	Kartoffelbürste	—	75
1	Tassenbürste	—	20
1	Bürste für die Citronenreibe	—	90
1	Bürste für die Zwiebelreibe	—	90
1	Kuchenpinsel	—	50
2	Leder à 1,50	3	—
3	Wischlappen à 0,25	—	75
		23	05

* Seife, auch Utensilien und Materialien zum Reinigen der Küche

Vorratsbehälter

24	Blechkästen oder alte Cakesbüchsen, angestrichen, und mit Ölfarbe der Name des Inhalts darauf geschrieben		
6	Fläßchen für Sand, Salz, Soda, Putzmaterial, Mehl und Seife	5	—
2	Porzellantonnen für Butter		
4	Steintöpfe für verschiedene Fette	—	—
1	Schinkenbeutel	—	—
1	Brottrommel	3	50
1	Topf zum Einlegen von Fleisch	1	—
1	Topf zum Einlegen von Heringen	1	—
3	eiserne Haken zum Anhängen von Fleisch à 0,35	1	05

3	einfache Spankörbe für Gemüse und Obst	1	75
2	Schüsseln für Milch	1	50
3	Untersätze für Öl-, Essig- und Syrupflasche	—	60
1	Patent-Petroleum-Kanne mit Glaseinsatz, ca. 4 Liter Inhalt	4	25
		19	65

Geschirr zum Fortstellen der Überbleibsel.

4	große Schüsseln	4	—
6	weiße Näpfe	1	80
6	Teller (Pappteller, auch zum Abwiegen auf der Decimal-Wage)	1	—
		6	80

Maße.

1	Holzmaß, 5 Liter	1	25
1	Holzmaß, 2 Liter	1	—
1	Maß in Kannenform, 1/4 Liter	—	40
1	Maß in Kannenform, 1/8 Liter	—	30
		2	95

Utensilien.

1	Kasten mit Handwerkszeug	7	50
1	Brett von Holz	2	—
1	Brett von Porzellan	3	50
2	Aufschneidemesser 1,50 u. 2,50	4	—
1	Gabel	1	—
1	Heringsgabel	1	—
1	Porzellanlöffel zum Anrichten von Kompott und zum Mischen von Salat	—	60
1	Druckwage	6	—
1	Butterstecher, 1 Wassergefäß dazu	1	50
1	Fettstecher	1	—
1	Löffel zum Absahnen der Milch	—	50
1	Korkzieher für die Küche	—	75
1	Handfeger mit Schippe	3	—

| 1 Wischtuch . . . . — 25 | 12 Holzschaufeln . . . . 4 — |
| 1 Schwefelholzbehälter . . . . . — 75 | |

37 35

insg.: 415,40

Abb. 29: Werbung für den Hammona-Herd, ca. 1903

Diese vielfältigen, unterschiedlichen Geräte stellten für die Frauen einen unschätzbaren Wert dar. Die Küchengeräte mußten deshalb sehr sorgsam behandelt und gepflegt werden, damit sie möglichst lange im Gebrauch verbleiben konnten. Jedes Gerät mußte entsprechend seiner Materialbeschaffenheit behandelt werden, bei einer Reinigung mit dem falschen Mittel konnten die Geräte leicht verdorben werden. Das Reinigen des

Kochgeschirrs war eine verantwortungsvolle Arbeit, wozu vor allem Kenntnisse der verschiedenen Reinigungsverfahren notwendig waren.

In allen Kochbüchern und Haushaltsratgebern fanden sich lange Ausführungen über die unterschiedliche Behandlung der verschiedenen Kochgeräte und Tips, wie verdorbenes Gerät wiederherzustellen sei.

»Kupfergeschirr behandelt man, je nachdem es verzinnt oder unverzinnt ist. Die Verzinnung sucht man durch Auskochen mit Lauge oder Abreiben mit Asche auf feuchtem Lappen glänzend zu machen. Das Kupfer aber putzt man mit wollenem Lappen und einer Mischung von drei Händen voll Kleie, drei Hände voll Salz und einer Hand voll Sand, mit Essig zu Brei gerührt. Ist es auf der ganzen Fläche damit blank gerieben, so spült man es mit klarem, heißem Wasser, läßt es gut abtropfen und trocknet hernach mit einem reinen Tuche vollends trocken. So wird es sehr schön und läuft nicht so leicht an.« (Kübler 1880, S. 14)

Hatte das Kupfergeschirr bereits Grünspan angesetzt, war dieser durch Scheuern mit Essig oder ausgepreßten Zitronen und Asche oder weichem Lehm wieder zu entfernen.

Messinggeschirr wurde durch Putzen mit Kleie und Essig glänzend erhalten. Emailliertes Geschirr hingegen sollte mit Asche tüchtig abgerieben und mit klarem Wasser nachgewaschen werden. Zinngeschirr wurde durch Abreiben mit Schlemmkreide, die mit Terpentinöl befeuchtet wurde, sauber gehalten. »Blechgeschirr, worunter vornehmlich Pfanndeckel und Kochgefäße zu verstehen sind, reinigt man mit Asche oder Sodalauge und Zinnkraut (Katzenschwanz).« (Kübler 1880, S. 14) Ein Nachputzen des Zinngeschirrs mit Schlemmkreide wurde weiterhin empfohlen, vor Scheuern mit Sand gewarnt.

»Holzgeschirr wurde mit weißem, feinen Sand gescheuert, da es durch Behandlung mit Seife und Soda gelb wird. Flecke in Holzplatten und Holzbrettern weichen dem Scheuern mit Chlorkalk, bei dem aber wiederholtes Spülen in klarem Wasser nicht vergessen werden darf.

Glassachen werden, wenn sie trübe sind, mit Zitronensäure abgerieben.« (Holle 1904, S. 66)

Für das Reinigen von »Blech, Kupfer und Messing an Zierstücken, d.h. an Büchsen, Beschlägen, Kerzenstöcken und dergleichen« empfahl S. Kübler (1880, S. 14) Schnellglanzpulver. Falls dieses im Haushalt nicht vorhanden war, sollte Wienerkalk oder Kreide mit Öl verwendet werden.

»Man reibt zuerst die Kreide mit öligem Wolläppchen ein, bepudert das Geriebene mit trockener Kreide und läßt alles zusammen austrocknen. Dann wird die Kreide mit einem Wollappen abgerieben und der Glanz mit einem reinen Baumwollappen hergestellt.« (Kübler 1880, S. 15)

Dazu legte Susanna Kübler den Hausfrauen noch dringend ans Herz,

»daß zum Putzen der Metalle reine, weiche Lappen wesentlich sind zum guten Erfolge. Sie sollen daher bei der Wäsche berücksichtigt

Abb. 30: Das Hochzeitsgeschenk

werden, so daß man sie im seifigen Abgangswasser einweicht, in einem Rest von Lauge auskocht und schließlich nach dem Auswaschen gut ausspült.« (Ebd.)

Das Reinigen der Kochgeräte war eine ständig wiederkehrende, mühselige Arbeit, die infolge des bürgerlichen Sparzwangs dringend erforderlich war.

Die Versorgung als tägliche Pflicht

Die immensen Repräsentationskosten bürgerlicher Familien erzwangen äußerste Sparsamkeit insbesondere in den Bereichen, die von der Öffentlichkeit nicht eingesehen werden konnten. Einer dieser Bereiche war die leibliche Versorgung der Familie, die auch gleichzeitig die oberste Pflicht der Hausfrau war.

In der bürgerlichen Familie hatte sich der Charakter der Arbeit der Frauen mit den Lebensmitteln – parallel zur bisher betrachteten Veränderung der Küche – geändert. In der Feudalgesellschaft war die Bearbeitung der Lebensmittel für alle Hausgenossen sichtbare Arbeit, die damit Beschäftigten leisteten einen für alle einsichtigen Beitrag zum Überleben der Subsistenzgemeinschaft.

»Diese ›Frauenarbeiten‹ haben im familiären Gesamthaushalt des 18. Jahrhunderts einen wichtigen Stellenwert, sie sind nicht privat. So gehört z.B. das Kochen in einem bäuerlichen oder handwerklichen Haushalt auf die Kostenseite eines ›Betriebes‹, ebenso wie die Licht- und Seifenherstellung.« (Bock/Duden 1977, S. 127)

In der bürgerlichen Familie hingegen geschieht die Versorgung der Familien privat und unsichtbar hinter der geschlossenen Küchentür. Die Arbeit der Hausfrau ist für das materielle Leben der Familie zwar weiterhin entscheidend, wird jedoch als Teil der unbezahlten Reproduktionsarbeit nicht mehr als Arbeit anerkannt.

Gleichzeitig verändert sich die Zielrichtung ihrer Arbeiten vollständig. Während sie in der alten Gesellschaft die sichtbare Ernährung von Arbeitskräften besorgt und die Kosten hierfür unmittelbar in die Rechnung des Gesamthaushalts eingehen, kocht die bürgerliche Frau in Form einer privaten Dienstleistung für Mann und Kinder. Das Hauptziel ihrer Hausarbeit wird die physische und psychische Reproduktion des Mannes und der Kinder, die durch die Arbeit der Frauen erwirtschafteten Ersparnisse wirken nur noch mittelbar.

In der bürgerlichen Familie strukturieren die Bedürfnisse des Mannes die Arbeit der Frauen; seine Wünsche mußten beim Einkauf und Vorratshaltung mitbedacht, seine Sonderwünsche beim Kochen erfüllt werden. Die Haushaltsratgeber betonten die Pflicht der Frauen, sich die Bedürfnisse des Ehemannes als oberstes Ziel zu setzen. Schmackhaftes Essen wurde zum Synonym für die Liebe der Ehefrau. Andererseits mußten die Frauen bei der Bearbeitung der Lebensmittel bis zum Äußersten sparen und mit billigsten Zutaten die Familie verköstigen.

Als erstes soll hier die Beschaffung der Lebensmittel betrachtet werden. Das Einkaufen entsteht als grundsätzliche neue Arbeit im Zusammenhang mit Industrialisierung und Monetarisierung und fordert von den Frauen völlig neue Fähigkeiten, die sie erst erlernen mußten. Die Vorratshaltung rekurrierte hingegen auf traditionellen hauswirtschaftlichen Techniken, deren Anwendung jedoch durch die räumlich beengten Bedingungen des Stadthaushaltes erschwert wurden.

Im Anschluß daran tritt das Kochen ins Zentrum der Betrachtung. Die bürgerliche Alltagskost war dürftig und erforderte eine Vielzahl hauswirtschaftlicher Kenntnisse und langjährige Erfahrungen, sie war zeit- und arbeitsintensiv. An die möglichst sparsame Herstellung der Mahlzeiten ist gleichzeitig die Sorge für das gesundheitliche und psychische Wohl des Ehemannes und der Kinder geknüpft, die die Arbeit der Hausfrau erweitert und verkompliziert. Diese bis dahin weitgehend ausgeklammerten Aspekte werden abschließend thematisiert.

Es wurden wiederum verschiedene Quellengattungen miteinander konfrontiert: Die normativen und deskriptiven Aussagen der Ratgeber wurden verglichen und den Aussagen der Frauen selbst in den zeitgenössischen Zeitschriften gegenübergestellt. Zur weiteren Erhellung wurden autobiographisches Material durchgesehen und Dienstbotenerinnerungen verwendet.

Das Einkaufen als neue Arbeit

»Der Prozeß der Merkantilisierung der Nahrungsmittel gehört insgesamt dem letzten Drittel des 19. Jahrhunderts an...« (Teuteburg/Wiegelmann 1972, S. 74), d.h. das Einkaufen der Lebensmittel wurde im letzten Drittel des 19. Jahrhunderts zur vorherrschenden Nahrungsmittelbeschaffung in der Stadt und als strukturell neue Hausfrauenarbeit wichtig.

Bis zur 1. Hälfte des 19. Jahrhunderts hatte sich in den Städten zumindest teilweise ein Prinzip der Selbstversorgung mit Lebensmitteln erhalten. Die meisten bürgerlichen Familien besaßen einen Acker vor der Stadt oder bewirtschafteten einen eigenen Garten. Auch Kleinvieh wurde gehalten. Gustav Freytag z.B. schildert (1896, S. 33), daß sie einige Quadratmeter Ackerland hatten und seine Mutter darauf Kartoffeln und Gemüse anbaute. Die Möglichkeit, Lebensmittel selbst zu erwirtschaften, nahm mit zunehmender Urbanisierung im Laufe des Jahrhunderts kontinuierlich ab. Zu Ende des Jahrhunderts mußten in der Stadt fast alle Lebensmittel als Rohprodukte gekauft werden und dann zu Hause von den Frauen weiterverarbeitet werden.

In der feudalen Agrargesellschaft war die Subsistenzwirtschaft die Regel, also die Eigenproduktion und Selbstversorgung, während der gelegentliche Kauf von Gütern als Ausnahme galt. Der Kauf der zum Lebensunterhalt nötigen Güter ist ein sich mit der Entwicklung der bürgerlichen Gesellschaft verallgemeinernder Prozeß und gleichzeitig eines ihrer Strukturelemente. Durch die Entstehung und Ausdehnung des Lohnarbeitsverhältnisses bei gleichzeitiger Befreiung von Boden und damit von Eigenproduktion wurden die »arbeitenden Klassen« gezwungen, die zum Lebensunterhalt notwendigen Güter (Lebensmittel, Kleidung, Feuerung etc.) zu kaufen. Damit einhergehend wurde das Einkaufen zur unbezahlten Arbeit aller Frauen. Zum einen bestimmten die individuellen Bedürfnisse des Mannes und der Kinder den Einkauf, denn ›Liebe geht durch den Magen‹, andererseits mußte der Einkauf dem strikten Sparprinzip bürgerlicher Haushalte gehorchen.

Diese neuartige Arbeit, das Einkaufen, zwang die Frauen, sich neue Kenntnisse zu erwerben. Diese Notwendigkeit spiegelt sich in den Haushaltsratgebern und Kochbüchern wieder, auch in den Familienzeitschriften wurde den Problemen des Einkaufens viel Raum gewährt. In allen einschlägigen Quellen wurde immer wieder betont, daß durch geschicktes und umsichtiges Einkaufen viel Geld gespart werden und hier von den Frauen ein wichtiger Beitrag zur Existenzsicherung der Familie geleistet werden konnte.

»Ein weiteres Feld im Bereiche der Sparsamkeit ist der Einkauf der Lebensmittel u.s.f. für den häuslichen Bedarf. Gute Quelle, reelle Ware, der Bezug größerer Quantums, welches die Prozente erleichtert und Zeit erspart, das alles ist wohl zu beachten...« (S. Müller 1895, S. 26).

Die Frauen mußten lernen, daß zum geschickten Einkaufen ein ausgiebiger Preisvergleich auf dem Wochenmarkt, in Kolonialwaren- und Grünkramläden, in der Markthalle, beim Fleischer etc. gehörte. Sie sollten viel Zeit aufwenden, um die billigsten Bezugsquellen ausfindig zu machen, denen sie dann – laut Empfehlungen der Ratgeber treu bleiben sollten.

»Unpraktisch ist auch der wechselnde Bezug von bald dem einen bald dem anderen Kaufmann, hat man eine gute Quelle, so bleibe man ihr treu, wechsle sie nicht, denn man kann nicht verlangen, daß man gut und vorsorglich bedient wird, wenn man morgen hier und heute dort kauft...« (Holle 1904, S. 27 f.).

In den einschlägigen Rubriken der Familienzeitschriften wurde den Frauen oft geraten, in den neu entstandenen Markthallen einzukaufen, da sie so zeitaufwendige und mühevolle Wege zwischen einzelnen Geschäften einsparen könnten. Die

Abb. 31: Andrang am Eingang einer Berliner Markthalle

Markthallen boten den Frauen ein vielfältiges Warenangebot auf engstem Raum, was den Preisvergleich erleichterte. Wer billig einkaufen wollte, mußte allerdings die vornehmen Hallen meiden. Im wesentlichen wurden dazu die Magdeburger-, Dorotheen-, Zimmer- und die Lindenhalle gerechnet. Statt dessen sollten sie

»zu den Stiefkindern unter den Markthallen gehen, das ist die Wörther Halle, die Andreashalle, die Arminushalle, um nur einige zu nennen. Durch irgendwelche unaufgeklärten Zufälle sind diese Hallen nicht übermäßig besucht und die Ständeinhaber thun nun ihr möglichstes, um den Kunden heranzuziehen. Sie halten nicht nur Mittelware, sondern oft prima Qualität und fordern für dieselbe sehr mäßige Preise...« (*Das Blatt* 1899, Nr. 27, S. 221).

Um möglichst sparsam zu wirtschaften, sollten die Frauen in möglichst großen Mengen einkaufen.

»Die Waren sind ... nicht nach Maßgabe des Tagesbedarfes einzukaufen, sondern in größeren Quantitäten anzuschaffen. Einmal nämlich erhält die Hausfrau ... die Waren bedeutend billiger und sodann erspart sie das häufige Laufen in die Kaufläden...« (Becker 1885, S. 129).

Das Einkaufen großer Mengen verlangte von den Frauen allerdings wiederum zusätzliche Arbeit. Sie mußten bedenken, wann im Jahr das jeweilige Nahrungsmittel besonders billig war und die beste Qualität aufwies. Eine differenzierte Vorratshaltung war ebenso notwendig wie eine genaue Einteilung des Wirtschaftsgeldes.

Die Haushaltsratgeber und Familienzeitschriften empfahlen den Hausfrauen, die Einkäufe selbst zu besorgen und sie auf keinen Fall vom Dienstmädchen alleine erledigen zu lassen.

»Am meisten empfiehlt es sich, wenn die Hausfrau den Einkauf der Kolonialwaren in Person besorgt, die Waren selbst aussucht, den Preis mit dem Kaufmann besorgt und den Betrag nach Empfang der

Waren und erfolgter Kontrolle der Qualität und des Gewichtes sogleich bar bezahlt...« (ebd., S. 130).

Denn ein geschickter Einkauf erforderte auch einen qualitätsbewußten Kauf, dessen Voraussetzung umfangreiche Kenntnisse und Erfahrungen über Beschaffenheit und Qualität der Lebensmittel waren. Die zumeist vom Lande stammenden Mädchen-für-Alles waren mit den Einkaufsbedingungen und der Warenbeschaffenheit in der Stadt zu wenig vertraut, so daß die Händler die Möglichkeit hatten, ihnen minderwertige Waren zu verkaufen.

»Gehst du selbst ins Delikatessgeschäft, zum Gemüse und Kolonialwarenhändler ... so wirst du stets besser bedient werden. Dienstboten bekommen alles in die Hand gedrückt, wie es dem Kaufmann paßt ...« (Wedell 1897, S. 152).

Für einen geschickten Einkauf war es entscheidend, die Qualitätskennzeichen der Waren zu kennen, um so mehr, da es gerade im letzten Drittel des 19. Jahrhunderts gängige Praxis der Lebensmittelhändler war, ihren Gewinn durch Verfälschung der Lebensmittel zu steigern.

»Ein empfindlicher Nachteil für die Gegenwart ist nun freilich die außerordentliche, gerade durch die Fortschritte der Chemie sehr gesteigerte Verfälschung der Nahrungsmittel. Mehl, Zucker, Milch, Butter, Honig, Kaffee, Thee, Chokolade, Bier, Wein, Gewürze, alles kann verfälscht werden.« (Steinhausen 1898, S. 41)

Besonders bei den Kolonialwaren waren Verfälschungen weit verbreitet und besonders schwer zu erkennen. Es kamen immer neue Lebensmittel aus den besetzten Kolonien auf den deutschen Markt, deren Qualitätsmerkmale von den Frauen erst erlernt werden mußten. Entsprechend finden sich in allen untersuchten Kochbüchern und Ratgebern Hinweise für den Kauf ›solch erlesener Güter‹ wie Kakao, Kaffee, Tee und Gewürze:

»Kakao sollte nie lose gekauft werden, er wird durch Zusatz von Asche verfälscht ... Chokolade muß schön braun und ohne Bruch sein. Ist sie rissig oder weiß, so ist sie mit Reismehl vermischt oder bereits alt. Der Kauf von Kaffee ist Vertrauenssache ... Die Hauptverfälschungen bestehen im Färben desselben. Man sollte jeden Kaffee zur Probe waschen. Wird das Wasser oder die Hand schmutzig, so ist der Kaffee gefärbt.« (Wedell, 1897, S. 163 f.)

»Weit öfter noch als der Kaffee wird der Tee gefälscht, meist durch Vermischung mit gerbstoffhaltigen, einheimischen Blättern, hin und wieder ist auch ein Färben des Tees festgestellt worden...« (Holle 1904, S. 35).

»Alle Gewürze soll die Hausfrau ganz kaufen, denn Untersuchungen haben festgestellt, daß Gewürzpulver bis zu 50 % mit fremden Bestandteilen versetzt sind, nichts fordert mehr zur Verfälschung heraus, als die zerkleinerten Gewürze.« (Ebd., S. 38)

Aber auch beim Kauf von Zucker, Salz und Mehl, also Waren, die in großen Quanten gekauft wurden, mußten die Hausfrauen vorsichtig sein und über mögliche Verfälschungen genau Bescheid wissen.

»Mehl wird sehr viel verfälscht. Nimm eine Hand voll und balle sie fest, bleibt das Mehl zusammen, so ist es rein, sind fremde Substanzen dazwischen so fällt es auseinander.« (Wedell 1897, S. 166)

Jede Mehlsorte hatte ihre spezifischen Erkennungsmerkmale, je nachdem ob es aus Weizen (Grünkorn, Graupen, Grütze oder Gries), Gerste (Gerstengrütze oder Gerstengraupen), Hafer (Hafermehl, Haferflocken, Hafergrütze) oder Buchweizen gewonnen wurde.

»Gutes Kochsalz muß weiß und trocken sein, es darf in der Luft nicht feucht werden. Das Anziehen von Feuchtigkeit ist ein Zeichen von Unreinheit, wie gelbe Farbe ein solches für Eisengehalt ist. Gutes reines Kochsalz löst sich in Wasser völlig klar ... eine Trübung oder gar ein Rückstand beweist eine Versetzung mit Gips, Sand und dergleichen.« (Holle 1904, S. 37)

Eine gute Qualität des Zuckers war an feinkörniger, kristallisierter Beschaffenheit zu erkennen, er mußte eine leicht gelbliche Farbe aufweisen, denn ganz weißer Zucker war mit Ultramarin gefärbt (vgl. ebd., S. 37 ff.).

Obst und Gemüse mußten beim Kauf vor allem frisch sein, was in Kochbüchern für jede einzelne Sorte ausführlich beschrieben wurde. Beim Kauf von Eiern sollten die Hausfrauen für jedes Ei die sogenannte Lichtprobe durchführen:

>>Bei der Lichtprobe hält man das Ei in dunklem Raume gegen das Licht... Nur bei frischen Eiern schimmert der Inhalt rosenrot durch, bei schlechten ist er trübe und wolkig.<< (Ebd. S. 32)

Milch sollte auf ihren Fettgehalt hin, Quark auf seine Versetzung mit Mehl und Kartoffelbrei untersucht werden. Außerdem wurde den Frauen dringend abgeraten, ausgelassene Fette einzukaufen, da deren Beschaffenheit beim Kauf kaum zu überprüfen sei. >>Besser ist es, das Fettgewebe selbst zu kaufen, welches fest und hart sein muß.<< (Ebd., S. 31)

Geflügel sollten sie nur lebend kaufen, denn das Alter lebender Tiere war leichter zu erkennen als das Alter bereits geschlachteter und gerupfter Vögel.

>>Alles junge Geflügel hat lange Beine, weiche Haut, kleine rote Kämme, spitze Hahnensporen und einen leicht eindrückbaren Brustknochen. Lebendes Geflügel ist dem getöteten vorzuziehen, kauft man letzteres muß die Schlachtwunde blutig sein und auseinanderklaffen, die Haut hellfarbig sein.<< (Ebd., S. 29)

Fisch sollte ebenfalls lebend erstanden werden, denn tote Fische wurden oft unter der Haut aufgeblasen, damit sie groß und schwer wirkten. Deshalb sollten die Frauen sie am Bauch drücken, waren sie aufgeblasen, entwich die Luft aus einer künstlichen Öffnung. (Vgl. Kübler 1880, S. 67)

Besondere Vorsicht wurde den Frauen auch beim Kauf von Fleisch ans Herz gelegt. Während früher nur lebendes Schlachtvieh gekauft und zu Hause geschlachtet wurde, war der Kauf bereits geschlachteter und zerlegter Fleischstücke eine Erscheinung des städtischen Lebens im 19. Jahrhundert. Die Qualität bereits tranchierter Fleischstücke zu erkennen, war schwieriger, als die Gesundheit lebender Tiere einzuschätzen, und mußte von den Frauen erlernt werden. Die Ratgeber beschrieben ausführlich das Aussehen frischen Fleisches und die Erkennungsmerkmale geschlachteter, gesunder Tiere.

»Rindfleisch hat bis ins dritte Jahr zartfasriges, ziegelrotes, mit weißem und festem Fett durchzogenes Fleisch, dunkelrotes zeigt ein höheres Alter an, blaßrotes ist ein Kennzeichen schlechter Fütterung. Schweinefleisch muß eine hellrote bis mittelrote Farbe und weißes Fett haben, die Schwarte muß hell sein, je dicker sie ist, umso älter ist das Tier. Kalbfleisch muß von einem mindestens fünf Wochen alten Tiere stammen, helles, weiches Fleisch, reichlich Fett und ein dichtes feines Gewebe zeigen. Hammelfleisch ist nur von kräftiger roter Farbe mit zartem weißen Fleisch zu wählen und im Spätherbst oder frühen Winter am besten.« (Holle 1904, S. 28)

Geschicktes Einkaufen erforderte also viel Arbeit und vielfältige Qualifikationen. Warenkenntnis bzw. Erkennen möglicher Verfälschungen und ein ausführlicher Preisvergleich waren nötig. Die Hausfrauen sollten den Einkauf selbst erledigen, damit mit möglichst wenig Geld möglichst hochwertige Lebensmittel erstanden wurden. Erna Meyer-Pollack (1915) beschreibt dies für den von ihr untersuchten Beamtenhaushalt folgendermaßen:

»...So treffen wir auch in der Leitung des betrachteten Haushalts ein ganz festes, durch Jahrzehnte beibehaltenes Schema, nach dem die Hausfrau ihren Bedarf an Nahrungsmitteln zu decken pflegte.
Zweimal in der Woche ging sie auf den der Wohnung nahegelegenen Wochenmarkt, auf dem sie meist bei denselben Leuten Fleisch und Schmalz, Eier, Käse, Obst und Gemüse für den Bedarf der ganzen Woche einkaufte. Sie tat das in erster Linie darum, weil sie erfahrungsgemäß gerade diese Posten dort billiger und meist auch besser zu bekommen pflegte als in den Läden, zumal die größere Mannigfaltigkeit der Verkäufer auf dem Markt die Möglichkeit geschickter Aus-

wahl der Quellen und damit wesentliche Vorteile bot. Die Größe der Familie sowie eben die Tatsache, daß nur zweimal in der Woche gekauft wurde, verlangte jedesmal eine ziemlich große Menge an Waren auf einmal zu nehmen, was den Einkauf im ganzen sehr vorteilhaft gestaltete, und außerdem die Käuferin bei den Händlern zu einer angesehenen und gutbedienten Kundin machte...

Abb. 32: Geflügeleinkauf auf dem Markt

135

Aus Spezialgeschäften wurden eigentlich nur Wurst und Schinken, Milch und Backwaren sowie die Butter bezogen...

Wir sehen also ein differenziertes System, das aus sorgfältig aufeinander abgewogenen Zweckmäßigkeiten gerade in dieser Weise gestaltet worden ist und mit seinen mannigfaltigen Vorteilen die Führung des Haushaltes nicht nur erleichterte, sondern auch wesentlich verbilligte.« (S. 315)

Der Kauf von Roh- und Halbfertigprodukten, der an die Stelle der Eigenproduktion trat, stellte eine neue Form der Frauenarbeit dar, die in der historischen Entwicklung zunehmende Bedeutung gewinnt und immer mehr Arbeitsplätze der Frauen einnimmt. Eine Form der Frauenarbeit – die Eigenproduktion von bestimmten Gütern – verschwindet tendenziell und wird durch eine neue Form der Frauenarbeit – das Einkaufen – ersetzt. Der strukturelle Unterschied zwischen beiden Formen der Arbeit betrifft ihre gesellschaftliche Wertung: Während die frühere ausschließliche Eigen»produktion« klar als Arbeit der Frauen gilt, wird das spätere Einkaufen, wichtiger Bestandteil der modernen Hausarbeit, nicht mehr als Arbeit definiert.

Von Soziologen und Historikern wird die abnehmende Eigenproduktion der Lebensmittel als entscheidender Beleg für den Funktionsverlust der modernen Familie bewertet und auf eine gleichzeitige Reduzierung der Arbeit der Frauen geschlossen. Von der bürgerlichen wie marxistischen Wissenschaft wird dabei das Einkaufen nicht als Arbeit begriffen. Der Begriff ›Konsumgemeinschaft‹ verschleiert die für den Konsum notwendige, unbezahlte Arbeit der Frauen, die im weiteren historischen Verlauf immer mehr ausgedehnt wird.

Die These vom Funktionsverlust der Familie bzw. Reduzierung der Arbeit der Frauen erscheint wiederum fraglich. Es kann lediglich von einer Funktionsverschiebung und Veränderung der konkreten Arbeiten der Frauen gesprochen werden.

Die Konservierung der Lebensmittel war eine außerordentlich wichtige und zeitaufwendige Arbeit in den bürgerlichen Haushalten des 19. Jahrhunderts. Die für das Überleben der Familie entscheidende sparsame Wirtschaftsführung beinhaltete eine möglichst ausgeprägte Vorratshaltung, die jedoch durch die relativ beengten städtischen Wohnverhältnisse erschwert wurde. Die möglichst billig und in großen Mengen eingekauften Waren mußten durch schwierige Prozeduren haltbar gemacht, nach langerprobten Methoden eingekellert oder eingemacht werden.

Die Techniken der Konservierung von Lebensmitteln hatten eine jahrhundertelange Tradition und waren in den bürgerlichen Stadthaushalten des 19. Jahrhunderts noch genauso wichtig wie in den agrarischen Subsistenzwirtschaften der feudalen Gesellschaft.

»Das Haltbarmachen, Frischhalten bzw. Einmachen von Nahrungs- und Genußmitteln zum Schutz gegen Gärung, Verwesung und Fäulnis ist an sich so alt wie das bewußte Umgehen mit der Nahrung und muß... zu den ältesten Kulturtechniken gerechnet werden. Jahrtausendelang... (bezogen) sich diese Konservierungstechniken auf das Kochen, Einsalzen, Dörren, Räuchern, Backen und Säuern im Rahmen des eigenen Haushalts auf den eigenen Bedarf...« (Teuteberg 1972, S. 79).

Obwohl die Industrialisierung die Nahrungsmittelherstellung bereits seit der Jahrhundertmitte erfaßte, war die Konservierung der Lebensmittel bis zum 20. Jahrhundert alleinige Aufgabe der Einzelhaushalte und damit unbezahlte Frauenarbeit. Hans J. Teuteberg (ebd., S. 79) datiert die Geburt der deutschen Konservenindustrie zwischen 1870 und 1914, beginnend vor allem mit der Gemüsekonserve. Jedoch waren diese Industrieprodukte anfangs vor allem für das Militär bzw. die Handelsschiffahrt und Marine gedacht. Die Verwendung industriell gefertigter Konserven war für den sparsamen bürgerlichen Haushalt nicht relevant. Von einer einschneidenden Veränderung der Ernährungs- bzw. Konservierungsgewohnheiten kann frühestens ab dem 20. Jahrhundert, wahrscheinlich erst nach dem 1. Weltkrieg gesprochen werden.

Ebenso hatte der 1874 von C. v. Linde erfundene Kühlschrank im untersuchten Zeitraum keine entscheidenden Auswirkungen auf die mühevolle Konservierungsarbeit der Frauen. Die Eisschränke, die zum Ende des Jahrhunderts in den Handel kamen, waren außerordentlich teuer in der Anschaffung und im Unterhalt. Sie mußten regelmäßig mit Eis gefüllt werden, das in die Wohnungen geliefert wurde. Bevor neues Trockeneis in die Kühlschränke gefüllt werden konnte, mußte das geschmolzene Eiswasser abgelassen werden. Der Kühlschrank blieb bis weit ins 20. Jahrhundert bis zur massenhaften Verbreitung des elektrischen Kühlkompressors ein Luxusgut.

Die einzigen entscheidenden Neuerungen, die das Industriezeitalter bezüglich der Konservierungsmethoden den Einzelhaushalten brachte, waren der industriell gefertigte Fleischextrakt und die chemische Herstellung bestimmter Konservierungssäuren: Justus von Liebigs Untersuchungen über die Zusammensetzung des Fleisches und der Muskelfasern machte ab Mitte des Jahrhunderts die Produktion von Fleischextrakt durch Eindampfung des Fleisches möglich. Der als ›Liebig's Fleischextrakt‹ in den Handel kommende Boullionersatz erfuhr eine rasche Verbreitung; bereits 1870 kam mit Henriette Davidis *Kraftbrühe aus Liebigs Fleischextrakt* das erste Kochbuch auf den Markt, das allein die industriell gefertigte Fleischbrühe zum Thema machte. Artikel der Frauenzeitschriften und eigene Äußerungen der Frauen in den Haushaltsecken dieser Zeitschriften wiesen immer wieder auf die Erleichterungen hin, die der Fleischextrakt versprach. Frische Brühe war bis zu diesem Zeitpunkt schwierig herzustellen und nur für kurze Zeit zu konservieren.

Ein chemisches Produkt, das die innerhäusliche Vorratshaltung erleichterte, war die Salizilsäure. Ab den 80er Jahren des

Abb. 33: Sammelbild der Firma Liebig

19. Jahrhunderts wurde sie in den Kochbüchern bei der Be-
schreibung der Konservierungsmethoden miteinbezogen und
immer wieder als entscheidende Erleichterung der Vorratshaltung gelobt.

»Neuerdings bietet jedoch die Wissenschaft in dieser Beziehung ein viel wirksameres Präservationsmittel dar in der Salicilsäure, welche in der Apotheke als weißes, lockeres und geruchsloses Pulver gekauft wird und die Eigenschaft hat, jede Schimmelbildung und Fäulnis zu verhüten.« (Becker 1885, S. 48)

Bei der Konservierung von Butter und Milch wurde die Salicylsäure schnell zum wichtigen Hilfsmittel:

»Längere Zeit hält sich die Butter, wenn man sie mit einer Salicillösung gut ausknetet (1 g Salicil auf 10 Teile Wasser) um alle Milchteilchen zu entfernen, sie fest in kleine Töpfe drückt und mit starkem Salzwasser, dem man einen Eßlöffel Karnolin zugesetzt hat, übergießt und mit in Essigsäure getauchtem Pergamentpapier überbindet.« (Holle 1904, S. 52)

Rohe Milch wurde nicht so schnell sauer, wenn ihr mit Milchzucker vermischte Salicylsäure zugesetzt wurde.

Das Frischhalten der Lebensmittel war Aufgabe der Frauen und erforderte vielfältiges Wissen über Lebensmittelbeschaffenheit und Konservierungstechniken. Besonders das teure Fleisch war schwierig frisch zu halten, und die Kochbücher gaben verschiedene Arten der Konservierung an. Luise Holle schrieb z. B. (ebd., S. 51):

»Fleisch darf nie liegend aufbewahrt werden; es muß völlig frei hängen, auch nicht mit anderen Fleischstücken in Berührung kommen, noch von den Sonnenstrahlen getroffen werden... Unter einer Fettdecke kann man Fleisch am besten aufbewahren, sobald das Fett halbflüssig ist, begießt man das Fleisch überall gleichmäßig.«

Die Kolonialwaren mußten vor allem trocken gelagert werden und fanden ihren Platz zumeist in der Speisekammer neben der Küche. Zucker und Kaffee sollten ähnlich wie die Gewürze möglichst luftdicht verschlossen gelagert werden. Getrocknetes Obst wurde säckchenweise an der Decke aufgehängt. Mehl mußte in einem geschlossenen Holzkasten hochstehend aufbewahrt werden. Die Hausfrau mußte die Vorräte der Speisekammer regelmäßig überprüfen, wöchentlich z. B. das Mehl zum Schutz vor Mehlwürmern umschaufeln.

»Wir wollen nicht verfehlen, auch die Speisekammer täglich auf schlecht werdende Reste zu untersuchen, gegen alles was schlecht riecht, was nach Verwesung aussieht und somit unserer Gesundheit... schädlich ist, zu Felde ziehen.« (Wedell 1897, S. 48)

Größere Vorräte wurden im Keller gelagert, der mit einfachen Regalen, Holzkisten und Wandbrettern ausgestattet war. Eine aus 4 Personen bestehende, in mittleren Verhältnissen lebende Familie, die auch Geselligkeiten pflegte, kellerte z.B. 8 Ztr. Kartoffeln, 20 Köpfe Weißkohl und 20 Köpfe Rotkohl, 50 Stück Sellerie, 40 Pfund Mohrrüben, 12 Pfund Petersilienwurzeln, einige Stangen Meerrettich und 12 Pfund Lauch ein. (Vgl. Wedell 1897; Stille/Beitlich 1978)

Bestimmte Gemüsesorten konservierten die Frauen, indem sie sie in Sand oder Erde vergruben.

»Für die Wurzelgemüse, also Möhren, Kohlrabi, Schwarzwurzeln, Meerrettich, Rettiche, Sellerie, rote Rüben empfiehlt es sich, in einer Ecke des Kellers einen Sandberg aufzuschütten und sie darin zu vergraben. Der Sand darf nie ganz trocken sein.« (Wedell 1897, S. 174)

Kohlgewächse und Lauch hingegen wurden nur mit der Wurzel eingegraben. Blumenkohl wurde mit dem Kopf nach unten aufgehängt, wobei die einzelnen Köpfe sich nicht berühren durften. »Zwiebeln erhält man am besten freihängend, mit dem Laube im Bündchen zusammengebunden, an kühlen, luftigen trockenen Ort.« (Holle 1904, S. 53) Die Kartoffeln wurden in einer durchlöcherten Holzkiste luftig gelagert. Obst wurde einzeln auf Regalbretter gelegt und mußte täglich überprüft werden. Überreife bzw. faule Exemplare wurden aussortiert und zum täglichen Gebrauch verwendet.

»Alles Obst, das Druckstellen zeigt, lege man zum baldigen Gebrauch beiseite. Die tadellos sortierten Exemplare werden freiliegend auf Brettern, die mit trockenem, reinem Stroh belegt sind, aufbe-

Einmachen der Früchte für das ganze Jahr für 30 Mark.

(Unter mehreren gleich guten durch das Los mit dem Preise von 20 Mark ausgezeichnet.)

Vor allen Dingen muß ich bemerken, daß ich alle Früchte nach Henriette Davidis' Kochbuch einmache. Es ist mir noch nie etwas verdorben, auch finde ich es sparsamer als nach irgend einer anderen Methode. Besonders zu beachten finde ich die im Nachtrag enthaltenen Anweisungen über Anwendung der Salicylsäure in der Küche. Ich spüle alle Gläser und Töpfe mit Salicylspiritus und spare das langweilige Schwefeln.

Den Zucker zum Einmachen kaufe ich im ganzen, weil ich dann für den besten nur 31 Pfennig à Pfund bezahle.

		ℳ	₰
Für Essig, Ingwer und verschiedenes Gewürz		3	—
Zuerst macht man am besten ein:			
1. Unreife Stachelbeeren als Dunstfrüchte. Je nachdem sie teuer sind, 5 bis 7 Liter		1	—
2. Einen sogenannten Rumtopf. Dazu gehören:			
¼ Liter echter Franzbranntwein		—	75
1 Pfd. Erdbeeren à 40 ₰, 1 Pfd. Zucker à 31 ₰		—	71
1 Pfd. Himbeeren à 40 ₰, 1 Pfd. Zucker à 31 ₰		—	71
1 Pfd. Johannisbeeren à 20 ₰, 1 Pfd. Zucker à 31 ₰		—	51
1 Pfd. Glaskirschen à 30 ₰, 1 Pfd. Zucker à 31 ₰		—	61
1 Pfd. saure Morellen à 20 ₰, 1 Pfd. Zucker à 31 ₰		—	51
1 Pfd. Aprikosen à 60 ₰, 1 Pfd. Zucker à 31 ₰		—	91
3. Heidelbeeren als Dunstfrüchte, zu Suppen zc. unvergleichlich, 6 Liter à 20 ₰		1	20
4. Johannisbeeren in Zucker. 1 Pfd. Beeren à 20 ₰, 1 Pfd. Zucker à 31 ₰		—	51
5. Himbeergelee. 2 Liter Beeren à 40 ₰, 1 Pfd. Zucker à 31 ₰		1	11
6. Himbeersaft. 3 Liter Beeren à 40 ₰, 1 Pfd. Zucker à 31 ₰		1	51
7. Süße, schwarze, ausgesteinte Kirschen. 6 Pfd. Frucht à 25 ₰, Essig, 1 Pfd. Zucker à 31 ₰		1	81
8. Saure Morellen. 6 Liter Frucht à 20 ₰, Essig und 2 Pfd. Zucker à 31 ₰		1	82
9. Dreifruchtmarmelade. Johannis- und Himbeeren je 1 Pfd. 20 u. 40 ₰, 2 Pfd. s. Kirschen à 25 ₰, 2 Pfd. Zucker à 31 ₰		1	72
10. Aprikosen in Zucker. 1 Pfd. Frucht à 40 ₰, 1 Pfd. Zucker à 31 ₰		—	71
11. Grüne Bohnen in Zucker. 2 Pfd. Bohnen à 15 ₰, 1½ Pfd. Zucker à 31 ₰		—	77
12. Kleine Salatböhnchen in Senf. 1¼ Liter Böhnchen = 20 ₰, Essig, Senf zc. 5 ₰, ½ Pfd. Zucker = 16 ₰		—	41
13. Preißelbeeren. 10 Liter Beeren à 20 ₰, 2½ Pfd. Zucker à 31 ₰		2	78
14. Roterüben. Nach Nr. 97, F.		—	40
15. Zuckergurken. 3 Pfd. Gurken à 12 ₰, 1⅓ Pfd. Zucker à 31 ₰		—	83
16. Kleine Essiggurken. Zu 4½ Liter Gurken 200 Gr. Salz, 375 Gr. Perlzwiebel zc.		—	85
17. Zwetschen in Zucker. 1 Pfd. Zwetschen abgezogen 25 ₰, 125 Gr. Zucker 10 ₰		—	35
18. Zwetschen in Essig und Zucker. 3 Pfd. Zwetschen à 25 ₰, 625 Gr. Zucker, Essig		1	17
19. Birnen in Zucker und Essig. 3 Pfd. Frucht à 20 ₰, 1 Pfd. Zucker à 31 ₰		—	91
20. Apfel-Gelee. Man kann hierzu abgefallene gute Apfel nehmen, die noch unreif sind. Für 50 ₰ geben ungefähr 3 Liter Saft, 3 Pfd. Zucker à 31 ₰		1	43
21. Melonenkürbis. 2 Pfd. Kürbis à 25 Pfg., 1½ Pfd. Zucker à 31 ₰, Essig		—	97
	Summa:	29	97

Frau Henseler, Berlin W., Mohstraße 93.

Konservierungsmethoden

wahrt. Der Raum muß dunkel gemacht werden können und soll trocken und luftig, dabei frostfrei sein. Gegen Frost bedecke man das Obst mit reinem Stroh, Tüchern etc..« (Wedell 1897, S. 174 f.)

Ratgeber empfahlen, besonders wertvolles Obst, Tafeläpfel, süße Birnen u.a. einzeln in Seidenpapier, das mit Salizilsäure getränkt wurde, zu wickeln.

Um die für die Familie im Laufe des Jahres nötigen Vorräte an Gemüse, Kartoffeln und Obst einzulagern, mußten die Frauen die einzelnen Sorten nach jeweils verschiedenen Methoden behandeln. Ein Großteil der Lebensmittelvorräte konnte nur in eingemachter Form längere Zeit aufbewahrt werden bzw. über den Winter gebracht werden. Weißkraut wurde fein geschnitten mit Salz, Gewürzen in ein Faß eingestampft, zugedeckt, mit einem Stein beschwert und so zu Sauerkraut vergoren. Kleingeschnittene Bohnen füllte man mit Hilfe von Stricknadeln in Flaschen, übergoß sie mit Salzlauge und verschloß sie luftdicht. Durch dieses Verfahren konnte Salz gespart werden. Grüne Gurken legte man in einem Steintopf mit Dill in Salzwasser oder einer Essiglösung ein, Nüsse wurden mit Zimt und Nelken in Salzwasser eingemacht, zumeist aus überreifem Obst und Fallobst Marmelade gekocht.

In den Haushaltsecken der Zeitschriften tauschten die Frauen Einmachrezepte aus und gaben sich gegenseitig Tips bei der Konservierung besonders schwieriger Fälle. So fragt z. B. eine Leserin der Zeitschrift *Daheim* (Frauenbeilage zu Nr. 36, 1887): »Kann man den übrig gebliebenen Saft von eingemachten Pflaumen im darauffolgenden Jahr nochmals zum gleichen Zweck verwenden?« Eine Frau Pastor P. in L. erkundigt sich, wie und wozu man unreife Aprikosen und Pfirsiche verwenden könne. Erprobte Rezepte zum Einmachen von Spargel, Bohnen und Zuckerschoten wurden ebenso gesucht wie ausgefallene, erprobte Marmeladenrezepte.

Die Hausfrauen sollten den Jahresbedarf der Familie an einzumachendem Obst und Gemüse durch billige, aber möglichst vielfältige und abwechslungsreiche Sorten decken. Dieses

Abb. 34: Vorratskeller

Problem stellte sich für eine Abonnentin der Zeitschrift *Daheim* folgendermaßen:

»Mein Mann schenkte mir zum Geburtstag u.a. 30 Mark, wofür ich die Kosten des Früchteeinlegens für das kommende Jahr bestreiten möchte. Wie teile ich die Summe am besten ein, um möglichst viele und gute Konserven zu haben?« (Frauenbeilage zu Nr. 41, 1887)

Die Frage wurde von der Zeitungsredaktion als Preisausschreiben aufgegriffen. Den ersten Preis, 20 Mark, erhielt Frau Henseler, Berlin W., Motzstraße 93, für einen Vorschlag , der die Vielfalt der von den Frauen angewandten Konservierungsmethoden deutlich macht (Frauenbeilage zu Nr. 43, 1887; s. S. 142).

Das Einmachen der notwendigen Obst- und Gemüsevorräte nahm Wochen in Anspruch. Die Früchte wurden zur Reifezeit in großen Mengen billig eingekauft und in langwierigen Arbeitsgängen konserviert. Die gefüllten Gläser, Töpfe, Regale und Kisten waren für die nötige sparsame Ernährung erforderlich und gleichzeitig Stolz jeder Hausfrau.

»Speisekammer und Keller waren vollgepropft von schönen Eßwaren. Da standen Kisten mit Pflaumen, Backobst, Traubenrosinen, Prünellen und vieles dergleichen mehr, ganze Börter voller Eier, große Häfen Eingemachtes aller Art. Der Keller lag voll Wein auf der einen Seite entlang, an der anderen Seite waren die Börter für das Obst.« (Viersbeck 1910, S. 6)

Die Arbeit der Frauen mit der Vorratshaltung wurde nach außen nicht wahrgenommen. Sie trat erst ins Bewußtsein, wenn sie unterlassen wurde, wenn z. B. keine oder zu wenig Früchte für den Winter konserviert wurden.

Die bürgerliche Alltagskost

Die bürgerliche Alltagskost des ausgehenden 19. Jahrhunderts war äußerst dürftig und stand in völligem Gegensatz zu den luxu-

riösen Festessen der Repräsentationsfeiern. Gerade beim Alltagsessen mußte mit jedem Pfennig gespart werden, um nicht zuletzt die hohen Repräsentationskosten für die standesgemäße
Wohnung und Kleidung, die ein- bis zweimal im Jahr stattfindenden Repräsentationsfeste und die Ausbildung bzw. die Mitgift der Kinder aufbringen zu können.

»Man glaubt nicht, welche Beschränkungen sich die Leute oft im
häuslichen Leben auferlegen. Die Nahrung ist ganz unzureichend...
nur um nach außen standesgemäß auftreten und auf der Sommerreise
gut leben zu können.« (Leixner 1891, S. 175)

Bei der Ernährung spiegelt sich noch einmal der Gegensatz
zwischen Öffentlichkeit und Privatheit in der Spaltung von
Fest- und Alltagsessen parallel zum räumlichen Gegensatz von
Salon und Küche.

Die Hausfrauen mußten der Familie täglich ein sättigendes
und möglichst billiges Mittag- und Abendessen bereiten, die
außerdem schmackhaft und abwechslungsreich sein sollten.
Dies war nur durch genaue Einteilung des Wirtschaftsgeldes,
preisgünstiges Einkaufen, differenzierte Vorratshaltung und
vor allem sparsamstes Kochen möglich.

»In jetziger Zeit, in welcher einerseits sich die Bedürfnisse des täglichen Lebens im hohen Grade gesteigert haben und andererseits die
Lebensmittel übermäßig teuer sind, ist es oft wahrhaftig eine Kunst,
mit dem nicht selten recht bescheidenen Einkommen, über welches Familien des gebildeten Standes zu verfügen haben, anständig und standesgemäß auszukommen.« (Becker 1885, S. 137)

Wie bei der Essenszubereitung grundsätzlich gespart werden sollte, riet Henriette Davidis:

»Was ferner unser Sparsystem betrifft, so ist es wünschenswerth,
daß die Hausfrau in einigermaßen beschränkter Lage das Kochen mit
eigener Hand besorge. Es liegt darin eine weit größere Ersparniß, als
manche glauben mögen, und zugleich ein Gewinn für die sämtlichen
Hausgenossen, als man sie von einer Vertretung verlangen kann, nicht
nur weil viel weniger verbraucht wird, sondern auch bei größerer Acht-
samkeit die Speisen sorgfältiger, schmackhafter und nahrhafter zube-

reitet werden, ganz besonders, wenn man dabei keine Mühe scheut.«
(Davidis 1864, S. 55).

Gleichzeitig kam es auf die Bedürfnisse des Mannes und der
Kinder an. Gekocht wurde, was den Lieben schmeckte:

»Und nun will ich mit ein paar Worten von der Küche der Hausfrau zu dem Manne zurückkehren, um den es sich ja im Wesentlichen
handelt… Grade der Geschmack hat vielleicht von allen Dingen am
meisten die Eigenschaft, individuell zu sein, und gar wenig Männer
wird es in der Welt geben, bei denen eine Frau nicht ganz genau wüßte,
was – bei gleicher Verwendung auf Küche und Kochen – ihrem Manne
am besten schmeckt. Oder brauche ich erst zu sagen, wie wohlthuend
neben einem schmackhaft zubereiteten Gericht die Empfindung ist,
daß dabei die Frau zugleich gerade an ihren Mann gedacht hat.« (Stein
1890, S. 175).

Nur am Sonn- und Feiertag kam ein festlicher Braten auf
den bürgerlichen Mittagstisch, denn der Braten war eine »Her-
renspeise«. Unter der Woche mußten sich mittlere bürgerliche
Familien mit zusammengerührten Gerichten begnügen. Kochbuchautoren und Ratgeber rieten den sparsamen Frauen dringend zur sogenannten Hausmannskost, die auf dem Zusam-
menkochen von Gemüse und etwas Fleisch beruhte. Als Fleisch
wurden dazu die billigeren Klein- und Innenteile, die Füße,
Kehle, Maul, Lunge, Leber, Herz, Nieren, Hirn und Därme
verwendet. So konstatiert H. J. Teuteberg über die bürgerliche
Küche: »Auch in besseren Häusern wurden die Kutteln nicht
verschmäht.« (Teuteberg 1972, S. 97)
Folgerichtig beschäftigten sich gerade die Kochbücher, die
sich an die zur äußersten Sparsamkeit gezwungenen mittleren
bürgerlichen Schichten wandten, in ihrem Rezeptteil ausgiebig
mit Gerichten aus billigeren Fleischstücken. Sie beschrieben die
Herstellung schmackhafter Gerichte aus Hammelkaldaunen,
Hirn, Kuheuter, Schweineschwarten, Därmen. In einigen
Kochbüchern bestanden zwei Drittel der vorgeschlagenen
Fleischrezepte aus Gerichten für billige Klein- und Innenteile.

Kalbsgekröse z. B. sollten die Hausfrauen folgendermaßen zubereiten:

»Die eßbaren Eingeweide des Kalbs werden mit Salz abgerieben und so lange mit heißem und kalten Wasser gewaschen, bis sie nicht mehr schleimig sind. Hiernach in Wasser mit getheilten Zwiebeln, Salz und Pfeffer weich gekocht, wird das Gekröse mit einem Schaumlöffel aus der Brühe genommen und nach dem Erkalten in gliedlange Stücke geschnitten. Nun dünstet man 3 Löffel Mehl in Butter, verrührt es mit der Butter, giebt eine Prise gestoßenen Pfeffer und soviel Essig und Zucker hinzu, daß die Sauce angenehm sauer schmeckt. Man läßt das Gekröse hierzu noch etwas schmoren und macht, wenn nöthig, das Ganze mit etwas in Fett gedünstetem Mehl seimig.« *(Kochbuch für Bürgerfamilien seinen Kunden gewidmet von Th. Fricke)*

Als billiger Fleischersatz wurden auch einfache, preiswerte Fischsorten empfohlen. Aus Stockfisch oder Heringen sollten die Frauen Fischsuppen oder Aufläufe herstellen. Gewöhnliche Sorten Seefisch sollten lieber gebraten und mit Kartoffelsalat auf den Tisch gebracht werden. Vielfältige Kenntnisse, Erfahrungen und Geschick waren nötig, um aus billigsten Rohstoffen schmackhafte und abwechslungsreiche Gerichte herzustellen. Dazu erschienen kleine, ebenfalls preiswerte Kochbücher auf dem Markt, z. B. die »50 Pfennig-Küche oder die Kunst billig und gut zu kochen« *(Fürs Haus* 1894, S. 405). Dieses Büchlein beschrieb eine Vielfalt von Rezepten, die für einen Haushalt von 4 Erwachsenen konzipiert waren und pro Person täglich 50 Pfennig berechneten. Dieses und ähnliche Bücher wurden in den Familienzeitschriften vorgestellt und zum Gebrauch empfohlen.

Den Hauptbestandteil der kärglichen Alltagskost bildeten Suppen, die schnell sättigten und billigst und einfach zuzubereiten waren. Sie wurden vor allem aus Gemüse- und Salatresten hergestellt oder aus verschiedenen Mehlsorten zusammengerührt. Die Hausfrauen tauschten in den Familienzeitschriften vielfältige Rezepte für Suppen aus durchgetriebenen Kartoffeln und Erbsen, Linsen, Spinat und Kohl, Hafermehl, Perl-

Speisetisch.

Speisezettel für 7 Tage, für eine Familie von 6 Personen (3 Erwachsene und 3 Kinder).

(Mit dem Preise von 20 Mark ausgezeichnet.)

Zur Erläuterung: Da Brot, Butter und Schmalz neben Käse und Aufschnitt jeden Abend auf den Tisch kommen, so gebe ich den Preis dafür gleich für die 7 Tage an.

	M.	Pf
2 Stück Butter	1	20
1 Pfd. selbstausgebraten. Schmalz	—	70
1½ Brot à 50 Pf	—	75
Für 4 Abende Aufschnitt (oder Eier) à 30 Pf	1	20
2 Stück Käse à 15 Pf	—	30

Es folgen nun die einzelnen Tage.

Sonntag. Mittag.

Suppe mit Einlauf, Rinderbraten, Apfelkompott u. Salzkartoffeln.

	M.	Pf
Zur Suppe genügt ½ Pfd. Suppenfleisch	—	25
Soviel von der Bratenbrühe abgewonnen, um die Suppe kräftig zu machen. Zum Einlauf 1 Ei 5 Pf, 1 Löffel Mehl 1 Pf	—	06
Zum Braten 5 Pfd. Fleisch à 60 Pf	3	—
Sahne 20 Pf, ¼ St. Butter 15 Pf, Speck 10 Pf	—	45
Kompott von getrockneten Ringäpfeln. Äpfel ¼ Pfd. 30 Pf, ¼ Pfd. Zuckei 8 Pf .	—	38
Zum Salzkartoffeln 2 Ltr. Kartoffeln	—	15
Abend.		
Thee 10 Pf, ¼ Pfd. Zucker 8 Pf	—	18

Montag. Mittag.

Saure Linsen oder Bohnen mit geräucherter Wurst oder Sauciscchen.

	M.	Pf
1½ Pfd. Linsen 30 Pf, ¼ Pfd. Speck 20 Pf, 3 Löffel Zucker 6 Pf, Essig 2 Pf, 2 Löffel Mehl 2 Pf	—	60
1 Pfd. geräucherte Wurst oder 8 Stück Saucischen . . .	—	80
Abend.		
Milchsuppe: 1 Ltr. Milch 15 Pf, 3 Löffel Mehl 3 Pf	—	18

Dienstag. Mittag.

Eiersuppe, gewärmten Braten, vom Sonntag übrig, und **Kartoffelsalat.**

	M.	Pf
Zur Suppe 4 Löffel Mehl 4 Pf, 2 Eier 10 Pf, ⅛ St. Butter 8 Pf	—	22
Zum Kartoffelsalat 2 Ltr. Kartoffel 15 Pf, 3 Löffel Zucker 6 Pf, Essig, Öl, Pfeffer und Zwiebel 10 Pf	—	31
Abend.		
Biersuppe: 2 Flaschen selbstgefülltes Braunbier, à Fl. 5 Pf, 1 Ei 5 Pf, ¼ Pfd. Zucker 8 Pf Dazu das übrig gebliebene harte Brot.	—	23
Latus	10	96

	M.	Pf
Transport	10	96

Mittwoch. Mittag.

Suppe mit Graupen, Schweinefleisch mit Kohlrüben, gekocht wie Märkische Rübchen.

	M.	Pf
Zur Suppe wird ¾ Teil Bouillon vom Schweinefleisch genommen und der Rest der Brühe zu den Rüben. Graupen ¼ Pfd.	—	06
Fleisch ⁵⁄₄ Pfd. 75 Pf, Kohlrüben 15 Pf, 2 St., ¼ St. Butter 15 Pf, ¼ Pfd. Zucker 8 Pf, 2 Löffel Mehl 2 Pf	1	15
Abend.		
Erbssuppe: ½ Pfd. Erbsen 9 Pf, Speck 15 Pf	—	24

Donnerstag. Mittag.

Rindfleisch mit Mostrich-Sauce und vorher Brühsuppe mit Nudeln, dazu Bratkartoffeln.

	M.	Pf
⁵⁄₄ Pfd. Rindfleisch	—	75
Die Brühe davon zur Suppe.		
Zu den Nudeln 2 Eier 10 Pf, ½ Pfd. Mehl 8 Pf	—	18
Zur Sauce ¼ St. Butter 15 Pf, Mostrich 10 Pf, 2 Löffel Mehl 2 Pf, 2 Löffel Zucker 3 Pf, 2 Scheiben Zitronen 3 Pf, Essig 2 Pf . .	—	35
Zum Bratkartoffeln ⅛ St. Butter 10 Pf, 1½ Ltr. Kartoffeln 12 Pf	—	22
Abend.		
Kartoffeln: 2 Ltr. 15 Pf, dazu die Grieben vom ausgebratenen Schmalz; dazu 2 St. Heringe, selbstmariniert à 8 Pf	—	31

Freitag. Mittag.

Backobst mit Klößen und gekochtem Schinken.

	M.	Pf
1 Pfd. Backobst 30 Pf, ¼ Pfd. Zucker 8 Pf	—	38
1 Ltr. abgekochte Kartoffeln . .	—	08
Semmel 10 Pf, 2 Eier 10 Pf, Talg zum Braten der Semmel 10 Pf	—	30
½ Pfd. Mehl	—	08
1 Pfd. geräucherten Schinken .	1	—
Abend.		
Griessuppe: ¼ Pfd. Gries 7 Pf, Butter 10 Pf	—	17

Sonnabend. Mittag.

Königsberger Klops mit Salzkartoffeln.

	M.	Pf
Mit den feingewiegten Fleischresten der Woche wird ¾ Pfd. frisches gehacktes Schweinefleisch 58 Pf, ¼ Pfd. Sardellen 25 Pf, 2 Eier 10 Pf, gerieb. Semmel 5 Pf und Pfeffer 1 Pf vermischt und zu kleinen Klößen geformt und ¼ Stunde in der Sauce gekocht	—	99
Zur Sauce ¼ Stück Butter 15 Pf, 2 Löffel Mehl 2 Pf	—	17
2 Ltr. Kartoffeln	—	15
Abend.		
Kartoffelsuppe: 1 Ltr. Kartoffeln 8 Pf (übrige Fleischbrühe und Bratensauce kann dazu verwendet werden, ebenso Butter und Schmalz)	—	08
Salz für die Woche 1½ Pfd. . .	—	15
Gewürze (Pfeffer, Zimt)	—	15
Summa	17	92

Clara Reinicke in Köthen.

Speiseplan

graupen, Gries und Gerstengrütze, Haferflocken und Bier, Brot, Milch, Schokolade und Blut aus. Es sei billiger, schrieben sie, abends eine warme Suppe zu kochen, als Brot, Butter und teuren Belag auf den Tisch zu bringen. Henriette Davidis riet, zu Beginn jeder Mahlzeit eine Suppe zu reichen, da die Familie damit billiger zu sättigen sei: »Eine wohlfeile, gute Suppe vor dem Gemüse ist gar nicht unvortheilhaft, weil dann weniger von letzterem gebraucht wird...« (Davidis 1864, S. 128).

Um möglichst sparsam kochen zu können, stellten die Frauen zu Anfang der Woche einen Plan auf, der die Gerichte der ganzen Woche festlegte. Diese Wochenspeisepläne vermitteln einen genauen Eindruck über die knapp bemessene bürgerliche Altagskost. Während man bei den Vorschlägen der Kochbücher und Ratgeber nie davon ausgehen kann, daß diese Gerichte auch wirklich gekocht wurden, kann man gerade bei den Vorschlägen der Hausfrauen mit Sicherheit davon ausgehen. Hier soll auf einen Wochenplan eingegangen werden, der aufgrund eines Preisausschreibens der Zeitschrift *Daheim* (Frauenbeilage zu Nr. 20, 1887) entstand und von der Einsenderin und von Leserinnen nachgewiesenermaßen selbst gekocht wurde. Mit 18 Mark wöchentlich sollten das Mittag- und Abendessen für einen typischen bürgerlichen Haushalt bestehend aus den Eltern, drei Kindern (zwei Knaben im Alter von 13 und 11, ein Mädchen von 7 Jahren) und einem Dienstmädchen, bestritten werden. Die Gewinnerin, Frau Clara Reinicke aus Köthen, gab einen bis ins Detail ausgetüftelten Plan an, der Rezepte und differenzierte Kosten für eine Woche aufschlüsselte. Ihr Vorschlag ist typisch für die bürgerlichen Alltagsverhältnisse. Er gibt die relative Kargheit des Essens und die Notwendigkeit, gerade am Essen zu sparen, treffend wieder (*Daheim*, Frauenbeilage zu Nr. 26, 1887; s. S. 149).

Ähnliche Wochenpläne wurden in vergleichbarer Form in verschiedenen zeitgenössischen Zeitschriften abgedruckt. Zumeist stammten die Vorschläge von den bürgerlichen Hausfrauen selbst. Die Berliner Dienstbotenzeitung veröffentlichte in jeder Nummer Wochenspeisepläne für bessere, einfache und vegetarische Mittagessen. Die Vorschläge stammten aus der Küche von Leserinnen, die für ihre Einsendungen ebenfalls einen Preis erhielten. Die einfachen Mittagessen stammten fast durchweg von Frauen der Beamtenschicht und hatten alle ähnliches Format wie der im folgenden wiedergegebene Vorschlag von Frau Oberstaatsanwalt Henke in Berlin. Ihr Wochenplan gibt nur die Gerichte, nicht ihre Kosten und Zubereitung an. Dies läßt das Essen auf den ersten Blick aus heutiger Sicht gediegener erscheinen, als es damals war. Die tägliche ›Vor‹suppe, heute Attribut des gutbürgerlichen Mittagstisches, diente der eigentlichen Sättigung und machte Einsparungen beim Hauptgericht möglich. Die dafür vorgesehenen Speisen wie Aal und Hecht waren damals relativ billige Nahrungsmittel, das Gulasch und der falsche Hasenbraten konnten aus Billigfleisch gekocht werden, gebratener Hering galt als Arme-Leute-Essen. Zu jeder Mahlzeit gab es Kartoffeln.

»Sonntag: Chokoladensuppe, falscher Hasenbraten mit Kartoffeln und Gurkensalat

Montag: Gequirlte saure Milchsuppe mit Ueberstreusel von geriebenen Schwarzbrot mit Zucker und Zimmet gemengt. Schoten mit Kotelet und Kartoffeln

Dienstag: Saure Kirschsuppe, Brechbohnen mit gebratenem Hering und Kartoffeln

Mittwoch: Weißbiersuppe mit Sago, Blumenkohl und Holländischer Sauce und Bouletten

Donnerstag: Reissuppe, Gulasch und Kartoffeln

Freitag: Kalbfleischbrühe, das Kalbfleisch als Frikassee zurecht gemacht

Sonnabend: Linsensuppe, Hecht und Aal grün gekocht und Kartoffeln.« (Berliner Dienstbotenzeitung 1898, Nr. 3, S. 9)

Die täglichen Mahlzeiten bürgerlicher Familien des ausgehenden 19. Jahrhunderts waren also äußerst einfach und mit ihren ein- bis zweimal jährlich stattfindenden Festessen überhaupt nicht zu vergleichen. Die Herstellung schmackhafter Gerichte aus den möglichst billigen Zutaten war für die Frauen zeit- und arbeitsintensiv, Innereien z. B. mußten stundenlang gekocht, Gemüse sorgfältig geputzt werden.

Obwohl jedes Familienmitglied den innerfamiliären Sparzwang und folglich die nur dürftigen Speisen kannte, versuchten die Frauen durch schmackhafte Resteverwertung und einfallsreiche Rezepte, auch hier den Schein der Gutbürgerlichkeit aufrecht zu halten. Die Hausfrauen tauschten diese handwerklichen Kniffe untereinander aus, indem sie über die Haushaltsrubriken der Familienzeitschriften miteinander korrespondierten. Auch dem viel bespöttelten ›Klatsch‹ bürgerlicher Kaffeekränzchen muß wohl eher die Bedeutung eines Expertinnengesprächs zugebilligt werden.

Die bürgerlichen Kochbücher und Ratgeber griffen diese Erfahrungen der Frauen in speziellen Rubriken auf. Magere und wässrige Süppchen wurden mit Mehl angedickt, um Nährwerte vorzutäuschen, billige Heringe durch tagelanges Einlegen in Milch entsäuert. Minderwertiges, zähes Fleisch konnte durch Zusatz von etwas Rum doch noch weichgekocht werden. Selbst verdorbene Gerichte konnten mittels hauswirtschaftlicher Kenntnisse noch eßbar gemacht werden. War ein Gericht versalzen, wurde der Topf mit einem feuchten Tuch zugebunden, auf das noch zusätzlich Kochsalz gestreut wurde. Nach einer halben Stunde an einem warmen Ort setzte sich das überflüssige Salz aus dem Essen an der Unterseite des Tuches ab.

Durch zusätzliche Arbeit konnte an hochwertigen, teuren Zutaten so gespart werden, daß es der Familie möglichst nicht auffiel: Sahne ließ sich durch Milch, die mit einem Eigelb und etwas Butter verquirlt wurde, ersetzen. An teurer Butter konnte gespart werden, wenn man sie durch ausgebratene Ochsen- oder Schweinefettreste, die im Haushalt abfielen, verlängerte.

»Eier können teilweise ersetzt werden, wenn man... statt der Eier nur ein Ei nimmt, das Eiweiß zur Sahne schlägt und statt der übrigen Eier einige rohe, geriebene Kartoffeln zusetzt.« (Holle, 1904, S., 94)

Abb. 35: Bürgerliches Kaffeekränzchen oder Expertinnenrunde?

Entscheidend für billiges Kochen war die Verwertung von Resten. Es durften keinerlei Lebensmittelreste weggeworfen, sondern mußten aufgewärmt oder weiterverarbeitet werden.

»Bei der Anordnung unserer Mahlzeiten muß immer auf die Überbleibsel der früheren Rücksicht genommen werden; aus vielen derselben lassen sich sehr schmackhafte Umwandlungen bereiten. Es dürfen sich nie viel übriggebliebene Gerichte in der Speisekammer häufen. Was sich nicht zu einer anderen Speise verwenden läßt, kann man am anderen Tage unbeschadet der Gesundheit aufwärmen...« (Kübler 1880, S. 94)

Die Bratenreste vom Sonntag wurden grundsätzlich am Dienstag oder Mittwoch aufgewärmt, die Gemüsereste zusammen mit dem Wasser, in dem sie ursprünglich gekocht wurden, zur Suppe des nächsten Tages verarbeitet. Ebenso waren Wurst- oder Pfannkuchenreste als Suppeneinlagen zu verwenden. Hartes Brot wurde aufgehoben, gesammelt und ergab als Brotauflauf eine neue Mahlzeit. Aus Hasen- und Geflügelrippen wurden schmackhafte Suppen, gesammelte Gemüsestrünke und -stiele kamen als falsche Schwarzwurzeln wieder auf den Tisch. Gänsemagen ergaben, lange genug eingelegt, gekocht und anschließend gebraten, eine gute Beilage zum Abendbrot. Selbst die Schalen von Zitronen und Apfelsinen konnten von den Frauen weiterverwendet werden, indem sie feingehackt, in Essig destilliert und anschließend mit Zuckerwasser zur Limonade aufgefüllt wurden.

Die möglichst vollständige Resteverwertung verlangte von den Frauen Überlegung und Erfahrung, aber vor allem Zeit und Mehrarbeit. Einsparungen beim Kochen waren vor allem durch die erhöhte Selbstausbeutung der Frauen zu erreichen. Dies wird besonders bei der exzessiven Resteverarbeitung deutlich.

Nichts durfte verkommen, nichts weggeworfen werden. Selbst die Verpackung der Nahrungsmittel wurde aufbewahrt und ihr ein neuer Zweck gegeben. Leere Kakaobüchsen ergaben vortreffliche Behälter für Putzpulver, Lichtenden, Streichhölzer. Kleine Pappschachteln nahmen später Kräuter oder Pulver auf. Altes Papier konnte zum Auslegen von Schränken, zum Säubern von Messern und Gabeln und vor allem zum Putzen der Lampen und der Herdplatte verwendet werden.

»Von mancherlei Überbleibseln des Haushalts geben leere Fleisch-
extraktbüchsen die besten Gewürzbehälter, man befreit sie von der
Etikette, bronziert sie, näht ein breites farbiges Band – kleine Bandre-
ste sind hier trefflich – um den Hals der Büchsen fest und schreibt auf
diesen mit unauslöschlicher Zeichentinte den Inhalt der Büchsen...«
(*Haus und Welt*, Nr. 17, 1900)

Selbst Abfälle von Nahrungsmitteln, die zum Verzehr nicht
mehr geeignet waren, wurden gesammelt, zu anderen Zwecken
verwertet oder weiterverarbeitet. Reste von Wasserglas, worin
Eier konserviert wurden, reinigten schmutzige Steinfließen,
feuchte, gebrauchte Teeblätter dienten zum Teppichsäubern,
Sauerkrautbrühe war ein vortreffliches Putzmittel für Messing-
sachen und frischer Kaffeesatz reinigte trübes Glas.

Die ausgekochten Fett- und Knochenabfälle mußten kühl
aufbewahrt werden. War der Topf voll mit Fettresten, Speck-
schwarten, abgezogenen Wursthäuten etc., wurde der Inhalt
entweder an einen Seifenhändler verkauft oder die Frauen
kochten daraus noch zur Jahrhundertwende ihre Seife selbst.
So beschrieb eine Abonnentin der Zeitschrift *Daheim* in einer
Nummer ausführlich, wie sie aus diesen Fettabfällen Seife
kochte, die billiger und besser sein sollte als gekaufte.

»Das Rezept aber, wonach ich (Seife, S. M.) koche, ist so einfach,
daß man überall, in Stadt und Land, wo man nur einen Waschkessel
hat, ohne nennenswerte Mühe seine Seife davon herstellen kann; und
es ist so vorzüglich, daß mir in der ganzen Zeit die Seife noch nie miß-
raten ist; endlich ist das Produkt des Rezepts so befriedigend und billig
zugleich, daß ich noch nie eine bessere Seife kennengelernt habe.«
(*Daheim*, Frauenbeilage zu Nr. 19, 1890)

Gerade das Beispiel der Abfallverwertung macht deutlich,
wie der Kauf von Produkten vermieden werden konnte, indem
sie selbst neue Produkte herstellten.

Abb. 36: Köchin. Anschauungstafel für die Schule 1895.

›Liebe geht durch den Magen‹

Bisher stand bei der Darstellung des Einkaufens, der Vorratshaltung und des Kochens die Notwendigkeit des innerhäuslichen Sparprogramms bürgerlicher Familien im Vordergrund. Die Versorgung der Familie durch die Frauen war aber auch entscheidend für das Wohlergehen und die Zufriedenheit der Familienmitglieder.

»...wenn das Essen geschmeckt hat und reichlich war, so durchzieht ein sehr fühlbarer und sichtbarer Geist die Familienräume. Wohlbefinden und Zufriedenheit lassen uns das Leben sonnig erscheinen und helfen uns die trüben Stunden leichter zu ertragen.« (*Berliner Dienstbotenzeitung* 1899, S. 221)

Die Verantwortung der Frauen für das Essen beinhaltete die Sorge für das physische und psychische Wohlergehen des Mannes und der Kinder. Während sich die Sorge für die psychische Rekreation auf die Erfüllung der individuellen Wünsche und Bedürfnisse bezog, so umfaßte sie für das physische Wohl vor allem die Gesundheit der Angehörigen. Diese beiden Aspekte und ihre Auswirkungen auf die Arbeit und das Leben der bürgerlichen Frauen wird uns im folgenden beschäftigen.

Etwa ab 1860 entstand die Ernährungslehre als wissenschaftliche Disziplin, deren Analysen in dieser Zeit erste Erkenntnisse über die Zusammensetzung der Nahrungsmittel ermöglichten. Ab diesem Zeitpunkt konnten die Nährwerte einzelner Lebensmittel berechnet und auf ihren Wert für die menschliche Gesundheit überprüft werden. Blut- und Fettbildung wurden analysiert und die Beziehung der ›verbrennlichen‹ Bestandteile der Nahrungsmittel zum Lebensprozeß hergestellt.

Die Ergebnisse dieser Untersuchungen waren im ausgehenden 19. Jahrhundert bereits weit verbreitet. Es erschienen in dieser Zeit nicht nur eine Unmenge wissenschaftlicher Publikationen, sondern auch eine ebensogroße Vielfalt volkstümlicher Schriften zur gesunden Ernährung (vgl. z. B. Daumer 1891; Rechenberg o.J.; Teuteberg/Wiegelmann 1972). Selbst das Kaiserliche Gesundheitsamt gab zur Jahrhundertwende ein Gesundheitsbüchlein heraus, das zur Popularisierung der wissenschaftlichen Erkenntnisse beitragen sollte. Parallel dazu wurde auch in den Kochbüchern, Haushaltsratgebern und Familienzeitschriften dieses Thema aufgegriffen. Die Bedeutung des Essens und die Zusammensetzung der Nahrungsmittel wurde für die leibliche und seelische Gesundheit des Menschen hervorgehoben und mit vielen Beispielen illustriert.

»Wir können uns der Wahrheit nicht verschließen, daß von der Ernährung, die doch wohl von der Küche ausgeht, unser leibliches Wohl abhängt, und daß dieses wiederum einen nicht zu unterschätzenden Einfluß auf unser seelisches Befinden, unsere geistige Tätigkeit hat.« (*Für die Frauen* 1904/5, Nr. 9, S. 101)

Der wissenschaftlich erwiesene Zusamenhang zwischen Ernährung und Gesundheit brachte den Frauen neue Verantwortung und Arbeit. Nicht mehr nur peinliche Sparsamkeit beim Kochen und in der Haushaltsführung wurden gefordert, sondern ebenso die Herstellung gesunden Essens, dessen Kriterien nun die neu entstandene Wissenschaft festlegte!

»Welche eminente Bedeutung für das Familienwohl hat die Bereitung der Speisen selbst! Wie viele Krankheiten können hintangehalten werden, wie viele Aerzte- und Apothekerrechnungen erspart werden, wenn man mit dem alten Schlendrian in der Küche aufhören wollte!« (Ebd.)

Die Rezeptteile der Kochbücher und Haushaltsratgeber enthielten spezielle Abschnitte, in denen die Frauen mit ihrer neuen Verantwortung vertraut gemacht wurden. Die Zusammensetzung der Nahrungsmittel aus Eiweiß, Fett, Kohlehydraten und Nährstoffen wurde in einer verwirrenden Vielfalt und bisweilen illustriert durch umfangreiches Tabellenwerk beschrieben. Die Hausfrauen sollten die Mahlzeiten der Familie nicht mehr nur nach Kriterien des individuellen Geschmacks und des Preises bestimmen, sondern bei der Auswahl der Gerichte immer auch ihrer gesundheitspolitischen Verantwortung gerecht werden. Auch bei der Art der Zubereitung konnte die Hausfrau nicht länger ihrem Geschmack und ihren persönlichen Erfahrungen vertrauen. Die Speisen mußten gemäß wissenschaftlicher Erkenntnisse leicht verdaulich sein, was besondere Vorsicht und Geschick bei der Zubereitung erforderte.

Diese Kenntnisse konnten von den Dienstboten nicht erwartet werden. Die Hausfrauen sollten auf jeden Fall selbst kochen und so die Verantwortung für die Gesundheit der Familie übernehmen.

»Eine wirkliche Kunst, eine Aufgabe, die der für das Wohl der Ihrigen besorgten Hausfrau hoch interessant sein muß, besteht nun darin, durch richtige Zubereitung, die Verdaulichkeit der Nahrungsmittel und dadurch indirekt ihren Nährwert – denn nur das, was der Körper wirklich verdaut, also aufnimmt, kann als nährende Zufuhr gerechnet werden, – zu vermehren.« (Wedell 1897, S. 61)

Für die Küche forderten die neuen ernährungswissenschaftlichen Erkenntnisse verstärkte Ordnung und peinliche Sauberkeit. Diese Forderung war in den dunklen, schlecht zu lüftenden Wirtschaftsräumen der bürgerlichen Wohnungen nur durch ständiges Kehren, Wischen und Lüften einzulösen. Die verlangte Hygiene in der Küche mußte durch verstärktes Putzen täglich neu geschaffen werden. Weiterhin sollte das Eßgeschirr peinlich sauber gehalten werden, blitzendes Geschirr wurde noch mehr zum Erkennungszeichen der guten deutschen Hausfrau. Auf die Beschaffenheit des Kochgeschirrs hatten die Frauen verstärkt zu achten, da beschädigtes Kochgeschirr als krankheitsfördernd galt.

Die Erkenntnisse der Ernährungsphysiologie und das staatliche Interesse an der Volksgesundheit wurden somit in die Privathaushalte getragen und die Verantwortung für die Gesundheit der Familien an die Hausfrauen weitergegeben. Die Zuschreibung der unbezahlten Hausarbeit an die Frauen wurde durch eine neue Pflicht und Form der Arbeit erweitert: die Frau wurde Hüterin der Familiengesundheit!

»Deine Aufgabe ist damit nicht erschöpft, daß du eine fleißige, nimmermüde, sorgsame Hausfrau bist, ein Sonnenschein an Güte und gleichbleibender Liebe für Mann und Kind, nein, verehrte Leserin, deine Aufgabe ist noch eine ernstere: Du bist die Hüterin der Gesundheit für deine Familie und die in deinem Haus wohnenden Personen. Krankheiten vorzubeugen ist nicht minder segensreich, als sie zu heilen!« (Ebd., S. 54)

Darüber hinaus durften die Frauen andererseits nicht die Bedürfnisse vor allem des Ehemannes vergessen, denn ›Liebe geht durch den Magen‹: Seine Wünsche mußten befriedigt, seine Sonderwünsche erfüllt werden. Seine Lieblingsgerichte wurden gekocht, und lehnte er bestimmte Gerichte ab, verschwanden sie vom Tisch. Schmeckte ihm eine Mahlzeit nicht, mußte die Zubereitungsart geändert werden. War das Mittagessen zu knapp bemessen, bekam der Ehemann die beste und größte Portion, das Kochen der Frauen galt dann als gut, wenn es ihm schmeckte.

»Der Weg zum Herzen des Mannes führt durch den Magen. Willst du daher deinen Gatten an das Haus, an dich fesseln, so bereite ihm Speisen, die ihm keine Seufzer an die verschwundene Junggesellenzeit entlocken, bei denen er sich nicht innerlich schwört, sich abends außerhalb des Hauses dafür zu entschädigen.« (Ebd., S. 244 f.)

Gutes Essen wird zum Attribut einer liebenden Ehefrau – sie soll aus Liebe zu ihrem Mann seine Lieblingsgerichte kochen und falls ihr das gelingt, darf sie auf seine Liebe hoffen. Seine Liebe ist der Lohn ihrer Arbeit. Die Komponente der Beziehungsarbeit wird deutlich: Beim Kochen treffen die ›Arbeit an den Dingen‹ und ihre ›Arbeit mit den Menschen‹ zusammen – Arbeit erscheint als Liebe, und Liebe wird zur Arbeit. Die Arbeit der Frauen bei der Versorgung von Mann und Kindern soll aus Liebe, also unbezahlt geleistet werden – nicht die Arbeit, sondern nur die Liebe darf noch sichtbar sein.

In den damaligen Kochbüchern und Haushaltsratgebern wird der Zusammenhang zwischen Kochen und Familienglück normativ und deskriptiv festgeschrieben, wobei die Fähigkeit des guten Kochens sogar als Garant einer glücklichen Ehe erscheint. Doch damit nicht genug: Das erhoffte Eheglück wird gleichzeitig zur Legitimation für die ständige Bereitschaft der Frauen zur Beziehungsarbeit. Nicht das gute Kochen allein reicht aus, um den Ehemann zufriedenzustellen, sondern es muß durch liebevolles Umsorgen z. B. bei den Mahlzeiten ergänzt werden. In diesem Sinne riet J. v. Wedell (1897, S. 64 f.):

»Nicht allein das, *was* wir essen ist von Einfluß auf unser Wohlbefinden, nein auch *wie* wir speisen, ist von Bedeutung. Wie ganz anders mundet es uns an zierlich gedecktem... Tisch! Vor allem aber sollten wir in voller *Gemüthsruhe* essen. Alle Leidenschaften sind von der

Schwelle deines Speisezimmers zu bannen. Kein Ärger, kein Besuch, Untergebene, soll dir die behagliche Speisestunde stören. Nur bei Befolgung dieses Grundsatzes bekommt dir das, was du ißt, schlägt es dir, wie der Volksmund sagt, an. Und du, liebe Hausfrau, bedenke das Gesagte. Magst du dich noch so sehr ärgern über die unglaubliche Dummheit von Babett und die Streiche der Kinder, mach diese unerfreulichen Dinge nicht zum Gesprächsgegenstand bei einer Mittagsmahlzeit. *Gönne deinem Mann Ruhe!* ....Es mag schwer sein, in solchen Augenblicken die große Kunst des Schweigens zu üben, hast du dich aber erst einmal überwunden, so erkennst du ihre Kraft an!«

Da dies alles aus Liebe geschehen soll, vergißt man allzu leicht, daß es sich hierbei um eine Arbeitsbeschreibung für Frauen handelt.

Die Beziehungsarbeit der Frau soll dem Mann als hingebungsvolle Liebe erscheinen, was nur durch die völlige Verschleierung ihres Arbeitscharakters möglich ist. Folgerichtig kann die Beziehungsarbeit der Hausfrau, wie sie z. B. bei den Mahlzeiten stattfinden soll, noch weniger als Arbeit begriffen werden als die ›Arbeiten mit den Dingen‹, die hinter der geschlossenen Küchentür geleistet werden. Nur so ist es möglich, daß das freundliche Auftreten der Frau gegenüber ihrem Mann beim Mittagessen als ihr natürliches Wesen angesehen und die Zielrichtung auf die Zufriedenstellung des Ehemannes völlig ausgeblendet wird. In diesem Sinne wird dann auch folgende Formulierung Lorenz von Steins verständlich:

»Und nun zum... Prinzip des Mittagstisches. Es ist ein persönliches, aber so alt wie das Nachdenken über das Essen überhaupt. Wir kennen es alle: ein freundliches Gesicht über das beste Gericht. Es wäre schlimm, wenn wir darüber noch etwas zu sagen brauchten...« (Stein 1890, S. 211).

In den Kochbüchern und Haushaltsratgebern des ausgehenden 19. Jahrhunderts wurden die hauswirtschaftlichen Fähigkeiten in einen ursächlichen Zusammenhang mit dem Eheglück gerückt. Danach zerstörten Frauen, die nicht oder nur schlecht

kochten, die innige Liebe zwischen den Ehegatten. Diese Argu-
mentation ist als Absicherung der Zuschreibung der unbezahlten Hausarbeit zu begreifen. Andererseits ist der in den Ratgebern formulierte Zusammenhang sicherlich als die Realität vieler bürgerlicher Frauen zu dieser Zeit zu begreifen. Kochten sie
schlecht oder verweigerten sie gar die Versorgung von Mann
und Kindern, hatten sie mit weitreichenden Sanktionen vom
Ehemann zu rechnen. Die Kochbücher versprachen für die
scheinbar aus Liebe ausgeführte unbezahlte Arbeit lebenslan-
ges Eheglück und drohen mit Sanktionen, falls die Frauen diese Arbeit verweigerten.

»Es ist ein Erfahrungsgrundsatz, den mir gar viele Ehepaare bestä-
tigen konnten, daß die erste Saat des Unfriedens in eine junge Ehe dadurch gestreut wird, daß die junge Hausfrau nichts vom Kochen ver-
steht. Kommt der Hausherr müde und abgespannt von seinen Berufs-
geschäften um die Mittagszeit nach Hause und findet anstatt eines guten, schmackhaften Essens, Tag für Tag, wenn nicht völlig ungenieß-
bare Gerichte, so doch mangelhaft zubereitete Speisen auf dem Tisch,
so ist nichts erklärlicher, als daß seine gute Laune schwindet, bald ein
Tadel sich einstellt, wenig schmeichelhafte Vergleiche und Rückblicke
zwischen jetzt und der Zeit seiner Junggesellenwirtschaft folgen, häusliche Szenen mit der nach und nach gereizten Hausfrau sich abspielen
und der Mann endlich, um diesen aus dem Weg zu gehen, sich dem
Wirtshaus zuwendet, um dort seinen Körper wie seine Laune in Gesellschaft alter Freunde aufzufrischen. Daß damit alle Vorbedingungen zu
einer recht unglücklichen Ehe gegeben sind, bedarf keiner Erwäh-
nung...« (Becker 1885, S. 150).

Seit Entstehung der modernen Familie wird der Zusammenhang zwischen dem Eheglück und der unbezahlten Arbeit be-
schworen und die sogenannte ›Krise der Familie‹ mit den man-
gelnden Fähigkeiten der Frauen zur Hausarbeit bzw. deren
Verweigerung begründet. Die Verantwortung für die Familie
für ihre psychische und physische Reproduktion wird den
Frauen angelastet. Gleichzeitig wird die dazu erforderliche Arbeit als Geschlechtscharakter der Frauen festgeschrieben und

somit das eigentliche Ausbeutungsverhältnis als Wesensmerkmal in ihre Psyche verlagert.

Die moderne Hausarbeit umfaßt immer gleichzeitig die ›Arbeit an den Dingen‹ und die ›Arbeit mit den Menschen‹, wobei diese Arbeit einerseits unsichtbar geleistet werden muß und der Arbeitscharakter der Tätigkeiten gleichzeitig verschleiert wird. Erst die Verweigerung der Hausarbeit macht sie als Arbeit sichtbar und bricht deren Verschleierung auf. Gleichzeitig macht wiederum der verschleierte Charakter der Hausarbeit die Verweigerung dieser Arbeit doppelt schwierig, denn einerseits ist sie eine Verweigerung gegenüber den Menschen, Sanktionen sind die Folge. Eine Frau, die ihre natürliche Bestimmung zur Hausfrau nicht anerkennt und Hausarbeit verweigert, gilt nicht länger als ›richtige Frau‹. Andererseits richtet sich die Verweigerung der Arbeit immer auch gegen die jeweilige Frau selbst – Schuldgefühle sind die Folge.

Das für das ausgehende 19. Jahrhundert beschriebene ›Theater mit der Hausarbeit‹ betrifft inzwischen nicht mehr nur das Bürgertum, sondern ist zum Arbeits- und Ausbeutungsverhältnis aller Frauen geworden. Zwar haben sich die konkreten Tätigkeiten der Frauen in den letzten hundert Jahren gewandelt, jedoch ist der Zwang, die unbezahlte Hausarbeit zu leisten, derselbe geblieben und der Zwang, die Arbeit zu verschleiern, hat noch zugenommen: Das Drehbuch des ›Theaters mit der Hausarbeit‹ ist dasselbe geblieben, lediglich die Regieanweisungen haben sich geändert.

Verzeichnis der Abbildungen

Literaturverzeichnis

Alcott, William, Alexander, *Die junge Gattin oder die häuslichen Pflichten des Weibes*, Berlin 1880

Ariès, Phillipe, *Geschichte der Kindheit,* München 1977

Artelt, Walter (Hrsg.), *Städte-, Wohnungs- und Kleiderhygiene im 19. Jahrhundert in Deutschland*, Stuttgart 1969

Autorinnenkollektiv, *Projekt zur Situation von Hausarbeit heute*, in: Frauen und Wissenschaft, Beiträge zur Berliner Sommeruniversität für Frauen im Juli 1976, Berlin 1977

Backhaus, H.G. (Hrsg.), *Gesellschaft. Beiträge zur marxistischen Theorie*, Band 14, Frankfurt 1981

Becker, Elise, *Der städtische Haushalt – Ratgeber für junge Frauen und Jungfrauen*, Hannover 1885

Belotti, Elena, *Was geschieht mit kleinen Mädchen*? München 1975

Berlin und seine Bauten, Bearbeitet vom Architekten-Verein zu Berlin, Bd. 1–3, (2. Auflage), Berlin 1896

Biermann, Pieke, *Das Herz der Familie*, Berlin 1977

Bleek, W., *Von der Kameralausbildung zum Juristenprivileg. Studium, Prüfung und Ausbildung der höheren Beamten des allgemeinen Verwaltungsdienstes im 18. und 19. Jahrhundert*, Berlin 1972

Block, Irene, Enders, Ute, Müller, Susanne, *Das unsichtbare Tagwerk. Mütter erforschen ihren Alltag*, Reinbek 1981

Bock, Gisela, Duden, Barbara, *Arbeit aus Liebe – Liebe als Arbeit*, in: Beiträge zur 1. Sommeruniversität für Frauen, Berlin 1977

Bock, Gisela, *Lohn für Hausarbeit, Frauenkämpfe und feministische Strategie*, in: Frauen als bezahlte und unbezahlte Arbeitskräfte, Beiträge zur 2. Sommeruniversität für Frauen, Berlin 1978

Bock, Gisela, »*Wir glauben nicht, daß Arbeit uns frei macht...*« *Frauenarbeit und Frauenbewegung*, in: alternative, 120/21, Berlin 1978

Böhlau, Helene, *Halbtier*. Roman, Berlin 1918

Bovenschen, Silvia, *Über die Frage: Gibt es eine weibliche Ästhetik?*, in: Ästhetik und Kommunikation, Heft 25, Jahrgang 7, September 1976

Branca, Patricia, *Silent Sisterhood. Middle Class Woman in The Victorian Home*, London 1975

Branca, Patricia, *Image and Reality. The Myth of the Idle Victorian Woman*, in: Hartman, M., Banner L.W., Clio's Consciousness Raised. New Perspectives on the History of Women, New York 1974

Brandt-Wyt, Renetta, *Untersuchung über hauswirtschaftliche Nahrungsmittelkonsumtion und Frauenarbeit*, München, Leipzig 1912

Braun-Artaria, Rosa, *Das erste Jahr im neuen Haushalt (eine Geschichte in Briefen)*, Stuttgart 1888

Braun-Lily, *Frauenarbeit und Hauswirtschaft*, Berlin 1901

Bücher, Karl, *Haushaltsbudgets oder Wirtschaftsrechnung?* in: Zeitschrift für die gesamte Staatswissenschaft, Jahrgang 62, Heft 4, Tübingen 1906

Claesens, D., Claesens, K., *Kapitalismus als Kultur*, Frankfurt 1979

Conze, W. (Hrsg.), *Sozialgeschichte der Familie in der Neuzeit Europas*, Stuttgart 1976

Dalla Costa, M. und James, S., *Die Macht der Frauen und der Umsturz der Gesellschaft*, Berlin 1973

Dammer, O. (Hrsg.), *Handwörterbuch der öffentlichen und privaten Gesundheitspflege*, Stuttgart 1891

Davidis, Henriette, *Die Hausfrau. Praktische Anleitung zur selbständigen und sparsamen Führung des Haushalts, Mitgabe für junge Hausfrauen* (2. Auflage), Leipzig 1864

Davidis, Henriette, *Praktisches Kochbuch für gewöhnliche und feine Küche, neu bearbeitet von Marie Walter*, o.O., 1907

Davidis, Henriette, *Kraftküche aus Liebig's Fleischextrakt für höhere und mittlere Verhältnisse*, Braunschweig 1870

Davidis, Henriette, *Der Beruf der Jungfrau. Eine Mitgabe für Töchter bei ihrem Eintritt ins Leben*, 3. Auflage, Leipzig 1867

Die 50-Pfennig-Küche oder die Kunst billig und gut zu kochen, o.O., um 1890

Döring, J., *Das Buch des Anstandes und der feinen Lebensart (ein Ratgeber für alle Stände)*, (11. Auflage), Mühlheim/Ruhr 1899

Dorn Hedwig, *Zur Stütze der Hausfrau*, Berlin 1886

Dronke, Ernst, *Berlin*, Darmstadt 1974

Duden, B. und Hausen, K., *Gesellschaftliche Arbeit – geschlechtsspezifische Arbeitsteilung*, in: Kuhn, A. (Hrsg.), Frauen in der Geschichte, Düsseldorf 1979

Duden, Barbara, *Das schöne Eigentum*, in: Kursbuch 47, Berlin 1977

Duden, Barbara, Meyer-Renschhausen, Elisabeth, *Landarbeiterinnen, Näherinnen, Dienstmädchen, Hausfrauen: Frauenarbeit in Preußen*, in: Preußen – Sozialgeschichte eines Staates, bearb. v. Brandt, P. u.a., Bd. 3, Reinbek 1981

Eckardt, Fr. W., *Der sparsame Haushalt*, Stuttgart 1854

Egner, E., *Entwicklungsphasen der Hauswirtschaft*, Göttinger Wirtschafts- und Sozialwissenschaftliche Studien, Band 1, Göttingen 1964

Elias, Norbert, *Der Prozeß der Zivilisation*, 2 Bände, München 1969

Engelsing, R., *Zur Sozialgeschichte deutscher Mittel- und Unterschichten*, Göttingen 1973

Ernst, Clara, *Der feine Ton im gesellschaftlichen und öffentlichen Leben*, Mühlheim/Ruhr 1885

Fallada, Hans, *Damals bei uns daheim, Erlebtes, Erfahrenes und Erfundenes*. Roman, Reinbek 1978

Federici, Silvia, *Wages against Housework*, London 1975

Frauen und Wissenschaft. Beiträge zur 1. Sommeruniversität für Frauen in Berlin im Juli 1976, Berlin 1977

Frauen als bezahlte und unbezahlte Arbeitskräfte. Beiträge zur 2. Sommeruniversität für Frauen in Berlin im Oktober 1977, Berlin 1978

Frauen und Mütter. Beiträge zur 3. Sommeruniversität für Frauen in Berlin im Oktober 1978, Berlin 1979

Frauengeschichte. Dokumentation des 3. Historikerinnentreffens in Bielefeld, April 1981. Beiträge zur Feministischen Theorie und Praxis, Band 5, München 1981

Fränckel, A., *Die Hausfrau in Küche und Speisekammer*, Stuttgart 1882

Freudenthal, Margarete, *Gestaltwandel der städtischen bürgerlichen und proletarischen Hauswirtschaft unter besonderer Berücksichtigung von Frau und Familie*, 1. Teil: 1760–1910, Diss. phil., Frankfurt, Würzburg 1934

Freytag, Gustav, *Erinnerungen aus meinem Leben*, gesammelte Werke, Band 1, Leipzig 1896

Friedell, Egon, *Kulturgeschichte der Neuzeit*, Bd. 3, München 1948

Friesen, Caroline von, *Wirtschaftsbuch der deutschen Hausfrau*, Düsseldorf 1887

Fürth, Henriette, *Ein mittelbürgerliches Budget über einen 10-jährigen Zeitraum*, Jena 1907

Gerhard, Ute, *Verhältnisse und Verhinderungen*, Frankfurt 1978

Glaser, Hermann, *Spießer – Ideologie*, Freiburg 1964

Gordon, Emy, *Die Pflichten eines Dienstmädchens oder: Das A-B-C des Haushalts*, Donauwörth 1893

Grauenhorst, Erna, *Katechismus für das feine Haus- und Stubenmädchen, enthaltend Fragen und Antworten über sämtliche Fragen im herrschaftlichen Haushalt*, 3. Auflage, Berlin 1897

Habermas, J., *Strukturwandel der Öffentlichkeit*, Neuwied 1976

Haffner, S. (Hrsg.), *Gewalt in der Ehe und was Frauen dagegen tun*, Berlin 1976

Hagemann-White, C., Kavemann, B., Kootz, J., Weinmann, U., Wildt, C., Burghardt, R., Scheu, U., *Hilfen für mißhandelte Frauen. Abschlußbericht der wissenschaftlichen Begleitung des Modellprojektes Frauenhaus Berlin*, Schriftenreihe des BMJFG, Band 124, Bonn 1982

Hamann, Richard und Hernand, Jost, *Gründerzeit*, München 1971

Hausen, Karin, *Die Familie als Gegenstand historischer Sozialwissenschaft. Bemerkungen zu einer Forschungsstrategie*, in: Geschichte und Gesellschaft, 1975, Jg. 1, H. 2

Hausen, Karin, *Historische Familienforschung*, in: Rürup, R. (Hrsg.), Historische Sozialwissenschaften, Göttingen 1977

Hausen, Karin, *Die Polarisierung der Geschlechtscharaktere – Eine Spiegelung der Dissoziation von Erwerbs- und Familienleben,* in: Conze, W. (Hrsg.), Sozialgeschichte der Familie in der Neuzeit Europas, Stuttgart 1977a

Hausen, Karin, *Geschichte ohne Frauen – Halbheiten der Geschichtswissenschaft*, in: Journal für Geschichte, H. 2, 1980

Hermes, Gertrud, *Ein preußischer Beamtenhaushalt 1859–1890*, in: Zeitschrift für die gesamte Staatswissenschaft, 76. Jahrgang, 1921

Heyl, Hedwig, *Das ABC der Küche*, 2. Auflage, Berlin 1888

Heyl, Hedwig, *Die Hauswirtschaft*, Dessau 1927

Heyl, Hedwig, *Aus meinem Leben*, Berlin 1925

Heymann, Lida Gustava, *Erlebtes – Erschautes 1850–1940*, Meisenheim 1972

Hintze, Otto, *Der Beamtenstand (1911)*, in: Soziologie und Geschichte, Göttingen 1964

Hinz, Sigrid, *Innenräume und Möbel*, Berlin 1976

Hirth, Georg, *Das deutsche Zimmer der Renaissance*, München 1880

Hobsbawm, E.J., *Blütezeit des Kapitals*, München 1977

Holle, Luise, *Die Hauswirtschaft*, Berlin und Leipzig 1904

Ibsen, Henrik, *Nora oder ein Puppenheim*. Schauspiel, Stuttgart 1968

Jozewicz, Ferdinand, *Das Buch der feinen Lebensart*, Leipzig 1880

Kaiserliches Gesundheitsamt (Hrsg.), *Gesundheitsbüchlein*, Berlin 1904

Kaufmann, Otto, *Frauenarbeit im Homburger Land*. in: Rheinisch-Westfälische Zeitschrift für Volkskunde, Band 18–19, Bonn 1972, S. 76–102

Kittler, Gertrude, *Hausarbeit, Zur Geschichte einer »Natur-Ressource«*, München 1980

Kontos, Sylvia, Walser, Karin, *Hausarbeit ist doch keine Wissenschaft*, in: Beiträge zur feministischen Theorie und Praxis, Band 1, München 1978

Kontos, Sylvia, Walser, Karin, *...weil nur zählt, was Geld einbringt – Probleme der Hausfrauenarbeit*, Gelnhausen, Frankfurt 1979

Kontos, Sylvia, Walser, Karin, Bock, G., Duden, B., *Kontrovers: Diskussion des Thesenpapiers*, in: alternative 120/21, Berlin 1978

Kochbuch für Bürgerfamilien, bearbeitet von A. Richter, seinen Kunden gewidmet von Theodor Fricke, Berlin o.J.

Kocka, J., Ritter, A. (Hrsg.), *Deutsche Sozialgeschichte*, Band 3, 1870–1914, München 1974

König, R., *Soziologie und Familie*, in: Handbuch der empirischen Sozialforschung, Bd. 2, Stuttgart 1962

Körner, Hermann und Sophie, *Benutze alles und laß in der Wirtschaft nichts umkommen*, Weimar 1869

Kohls, J., *Die Aufgabe der Küche*, Chemnitz 1883

Kriedte, Medick, Schlumbohm, *Die Industrialisierung vor der Industrialisierung*, Göttingen 1977

Kübler, Marie, Susanne, *Das Hauswesen – nach seinem ganzen Umfange dargestellt in Briefen an eine Freundin*, (8. Auflage), Stuttgart 1880

Lange, Helene, *Lebenserinnerungen*, Berlin 1928

Laslett, P. und Wall, R. (Hrsg.), *Household and Family in Past Time*, Cambridge 1972

Leixner, Otto von, *Soziale Briefe aus Berlin. 1888–1891, Mit besonderer Berücksichtigung der sozialdemokratischen Strömungen*, Berlin 1891

Makart-Ausstellung, Staatliche Kunsthalle Baden-Baden, 23.6 bis 17.9.1972, Red. Gallwitz, Klaus, Baden-Baden 1972

McBride, Theresa, M., *The Domestic Revolution*, London 1976

Mehringer, Rudolph, *Das deutsche Haus und sein Hausrat*, Leipzig 1906

Meier-Oberist, E., *Kulturgeschichte des Wohnens*, Hamburg 1956

Meyer-Pollack, Erna, *Haushalt eines höheren Justizbeamten in den Jahren 1880–1906*, in: Schriften des Vereins für Sozialpolitik, Band 145, München und Leipzig 1915

Meyer-Ehlers, Grete, *Wohnung und Familie*, Stuttgart 1968

Meyer, Erna, *Der neue Haushalt*, 29. Auflage, Stuttgart 1928

Mitterauer, M. und Sieder, R., *Vom Patriarchat zur Partnerschaft. Zum Strukturwandel von Familie*, München 1977

Müller, Brunhilde, *Der Kampf um die Hosen. Veränderte Situation der Frau durch die Entstehung von Hausarbeit*, unveröff. Diplomarbeit, Berlin 1978

Müller, Heidi, *Dienstbare Geister. Leben und Arbeitswelt städtischer Dienstboten*, Berlin 1981

Müller, Susanna, *Das fleißige Hausmütterchen. Mitgabe in das praktische Leben für erwachsene Töchter*, 13. Auflage, Zürich 1895

Neidhardt, F., *Die Familie in Deutschland*, Opladen 1966

Oakley, Ann, *Soziologie der Hausarbeit*, Frankfurt 1978

Oeter, Ferdinand (Hrsg.), *Familie und Gesellschaft*, Tübingen 1966

Orland, Barbara, *Rationalisierung von Hausarbeit in Deutschland im ersten Drittel des 20. Jahrhunderts*, (unveröff. Diplomarbeit), Berlin 1981

Otto-Peters, Luise, *Frauenleben im deutschen Reich. Erinnerungen aus der Vergangenheit mit Hinweisen auf Gegenwart und Zukunft*, Leipzig 1876

Ottmüller, Uta, *Die Dienstbotenfrage. Zur Sozialgeschichte der doppelten Ausnutzung von Dienstmädchen im Kaiserreich*, Münster 1978

Ottmüller, Uta, »*Mutterpflichten*« – *Die Wandlung ihrer inhaltlichen Ausformung durch die akademische Medizin*, in: Backhaus, H.-G. (Hrsg), Gesellschaft. Beiträge zur marxistischen Theorie, Band 14, Frankfurt 1981

Pache, Oskar, *Die wirtschaftliche Hausfrau – Ein Handbuch für die Familie*, Leipzig 1894

Pross, Helge, *Die Wirklichkeit der Hausfrau*, Hamburg 1975

Pizzey, E., *Schrei leise. Mißhandlungen in der Familie*, Stuttgart 1976

Rechenberg, C. v., *Katechismus der menschlichen Gesundheit*, o.O., o.J.

Rosenbaum, H., *Seminar Familie und Gesellschaftsstruktur*, Frankfurt 1978

Rosner, Karl, *Das deutsche Zimmer im 19. Jahrhundert*, München 1898

Sans Géne, Marie, *Jugenderinnerungen eines armen Dienstmädchens*, neu herausgegeben von Meyer, C., Bremen 1973

Schäfer, Ursula, *Die junge Hausfrau oder die Kunst gut Haus zu halten*, Oberhausen 1884

Scheu, Ursula, *Wir werden nicht als Mädchen geboren, wir werden dazu gemacht*, Frankfurt 1977

Schulte, Johann, Friedrich, Freiherr von, *Lebenserinnerungen*, Bd. 3, Gießen 1908/09

Schulte, Regine, *Dienstmädchen im herrschaftlichen Haushalt. Zur Genese ihrer Sozialpsychologie*, in: Zeitschrift für bayerische Landesgeschäfte, 41., 1978

Schulze, Regine, *Sperrbezirke. Tugendhaftigkeit und Prostitution in der bürgerlichen Welt*, Frankfurt 1979

Schulte, Eva, *Trautes Heim – Glück allein. Über die Domestizierung der Frau als Hausfrau, Gattin und Mutter*, (unveröff. Dipl. Arbeit), Berlin 1979

Schulze, Eva, *Trautes Heim – Glück allein! Über die Domestizierung der Frau im Biedermeier*, in: Frauen, Räume, Architektur, Umwelt. Beiträge zur Feministischen Theorie und Praxis, Band 4, München 1980

Schirmacher, Käthe, *Flammen. Erinnerungen aus meinem Leben*, o.O., 1921

Sell, Werner, *Das Küchenproblem im gesamten Umbruch der Jahrhundertwende aus zeitgenössischer Sicht*, in: Die moderne Küche, Jahrgang 18, Heft 3, 1976

Silbermann, A., *Vom Wohnen der Deutschen*, Köln 1963

Simmel, Monika, *Erziehung zum Weibe. Mädchenbildung um die Jahrhundertwende*, Frankfurt 1980

Stahl, Gisela, *Von der Hauswirtschaft zum Haushalt oder wie man vom Haus zur Wohnung kommt – Die Ökonomie des Ganzen Hauses und die Ökonomisierung der Hausfrau*, in: Wem gehört die Welt, Katalog zur Ausstellung der Neuen Gesellschaft für Bildende Kunst, Berlin 1977

Stein, Lorenz von, *Die Frau, ihre Bildung und Lebensaufgabe*, 3. Auflage, Dresden 1890

Stein, Lorenz von, *Die Frau auf dem Gebiet der Nationalökonomie*, Leipzig 1876

Stein, Lorenz von, *Die Frau auf dem Sozialen Gebiet*, Stuttgart 1880

Steinhausen, Georg, *Häusliches und gesellschaftliches Leben im 19. Jahrhundert*, Berlin 1898

Stephan, Renate, *Hausfrauen und Mütter, die vergessenen Sklaven*, Berlin 1975

Stille, Eva und Beitlich, Peter, *Aus der Küche um 1900*, München 1978

Stillich, Oskar, *Die Lage der weiblichen Dienstboten in Berlin*, Berlin 1902

Stinde, J., *Die Familie Buchholz*. Roman, (20. Auflage), Berlin 1885

Strohmeyer, Klaus, *Warenhäuser. Geschichte, Blüte und Untergang im Warenmeer*, Berlin 1980

Teuteberg, H.J. und Wiegelmann, G., *Der Wandel der Nahrungsmittelgewohnheiten unter dem Einfluß der Industrialisierung*, Göttingen 1972

Thornieport, Gerda, *Studien zur Frauenbildung. Ein Beitrag zur Analyse lebensweltorientierter Bildungskonzeptionen*, Weinheim, Basel 1979

Treue, Wilhelm, *Haus und Wohnung im 19. Jahrhundert*, in: Artelt Walter (Hrsg.), Städte-, Wohnungs-, und Kleiderhygiene im 19. Jahrhundert in Deutschland, Stuttgart 1969

Twellmann, Margrit, *Die deutsche Frauenbewegung. Ihre Anfänge und erste Entwicklungen 1843–1889*, Kronberg 1976

Veblen, T., *The Theory of the Leisure Class*, New York 1899

Viebig, Clara, *Das tägliche Brot*. Roman, Berlin 1950

Viersbeck, Doris, *Erlebnisse eines Hamburger Dienstmädchens*. Roman, München 1910

Vondung, Klaus (Hrsg.), *Das wilhelminische Bildungsbürgertum*, o.O., 1976

Wallraf, Karl Heinz, *Die »bürgerliche Gesellschaft« im Spiegel deutscher Familienzeitschriften*, Diss. phil., Köln 1939

Warlich, Hermann, *Wohnung und Hausrat*, München 1908

Weber-Kellermann, I., *Die deutsche Familie. Versuch einer Sozialgeschichte*, Frankfurt 1974

Wedell, J. von, *Im Haus und am Herd*, Stuttgart 1897

Wühr, Hans, *Alte Küchen und Küchengeräte*, Darmstadt 1954

Wühr, Hans, *Alte Küchen*, in: Die BASF, 6. Jahrgang, Heft 3, Juni 1956, Seite 94

Verwendete Zeitschriften

Daheim. Ein deutsches Familienblatt (1865–1940/41)

Mode und Haus. Praktisch illustrierte Frauenzeitschrift (1884–1918)

Illustrierte Frauenzeitschrift. Ausgabe der Modenwelt mit Unterhaltungsblatt (1874–1912)

Fürs Haus. Wochenblatt für alle Hausfrauen (1882–1912)

Sonntagszeitung für deutsche Frauen. Illustrierte Familien- und Modenzeitung 1897–1918)

Die Gartenlaube. Deutsche Familienzeitschrift (1853–1940)

Dies Blatt gehört der Hausfrau. Zeitschrift für die Angelegenheit des Haushaltes (1886–1920)

Häuslicher Ratgeber. Praktisches Wochenblatt für Hausfrauen (1886–1892)

Illustrierte Zeitschrift für Innen-Dekoration (1887–1904)

Bücher für Frauen bei Campus

Ilona Ostner
Beruf und Hausarbeit
Die Arbeit der Frau in unserer Gesellschaft
Arbeiten aus dem SFB 101
2. Auflage 1979. 292 S., ISBN 3-593-32276-5

Ilona Ostner, Elisabeth Beck-Gernsheim
Mitmenschlichkeit als Beruf
Eine Analyse des Alltags in der Krankenpflege
Arbeiten aus dem Sonderforschungsbereich 101
1979. 177 S., ISBN 3-593-32412-1

Ulrike Schneider (Hg.)
Was macht Frauen krank?
Ansätze zu einer frauenspezifischen Gesundheitsforschung
1981. 236 S., ISBN 3-593-32937-9
Mit Beiträgen von: Sabine Bartholomeyczik, Regina Becker-Schmidt,
Elisabeth Beck-Gernsheim, Helga Bilden, Kerstin Dörhofer, Brigitte
Eggers, Ingeborg Falck, Ilona Kickbusch, Johanna Kootz, Christa
Leibing, Barbara Marewski, Ulrike Martiny, Marina Neumann-
Schönwetter, Barbara Riedmüller, Marianne Rodenstein, Eva
Schmidt-Hieber, Dagmar Schulz, Gisela Steppke, Christine Vollmer.

Regina Schaps
Hysterie und Weiblichkeit
Wissenschaftsmythen über die Frau
1982. Ca 200 S., ca. 10 Abb., ISBN 3-593-33119-5

Astrid Albrecht-Heide, Utemaria Bujewski
Militärdienst für Frauen?
1982. Ca. 180 S., ISBN 3-593-33080-6

Käte Frankenthal
Der dreifache Fluch: Jüdin, Intellektuelle und Sozialistin
Lebenserinnerungen einer Ärztin in Deutschland und im Exil
Hrg. von Kathleen M. Pearle und Stephan Leibfried
1981. 326 S., ISBN 3-593-32845-3

Campus Verlag · Myliusstraße 15 · 6000 Frankfurt 1